ROSINE BRAMLY

Rosine Bramly est conseillère en relations humaines. Elle est l'auteur de *Bébé dans les étoiles* (1988), *T'as pas quelqu'un à me présenter* ? (2002) en collaboration avec Annick Lanoë, *Mais pourquoi tu veux déjà quitter ta mère ? ou Le Syndrome du Nid Vide* (2003), et, plus récemment, des deux volumes de *Qui est sous ma couette ? ou Comment réussir votre casting amoureux* (2004 et 2005).

MAIS POURQUOI TU VEUX DÉJÀ QUITTER TA MÈRE ?

DU MÊME AUTEUR

CHEZ POCKET

Avec Annick Lanoë

T'AS PAS QUELQU'UN À ME PRÉSENTER ?

ROSINE BRAMLY

MAIS POURQUOI TU VEUX DÉJÀ QUITTER TA MÈRE ?

ou
Le Syndrome du Nid Vide

ÉDITIONS RAMSAY

ISBN 2-266-14554-1

Le SNV

Lorsqu'on a un bébé, on a l'impression que les couches et les biberons vont durer une éternité. Puis, Noëls, vacances et rentrées se succèdent de plus en plus vite. L'enfant grandit, prend progressivement son indépendance. Un beau matin, l'oiseau s'envole du nid. C'est bien pour lui, et ça devient bien pour nous aussi. Enfin, ça devrait...

C'est aux États-Unis que j'ai entendu parler pour la première fois du syndrome du nid vide. Je dînais avec mon ami Bob, un papa poule qui avait élevé seul ses deux fils et n'avait pas de place pour une femme dans sa vie.

« Tu sais, Bob, lui avais-je dit, je ne sais pas ce qui m'arrive. Je m'active de plus en plus, je me lance dans vingt projets à la fois, je suis incapable de me reposer. Je suis habitée par une anxiété permanente. Rien n'a changé dans mon existence.

Pourtant, je ressens comme une urgence de vie et, à d'autres moments, je suis totalement amorphe. Mon fils a une copine depuis quelques semaines, je ne le vois plus...

– Tu dois faire un syndrome du nid vide, m'a interrompue Bob.

– Un syndrome du nid vide ? Jamais entendu parler de ce truc-là !

– Ça se manifeste quand les enfants partent, c'est comme un baby-blues. Moi-même, depuis que mes deux fils ne sont plus là, je suis en pleine agitation-dépression. Tu sais que j'ai élevé mes deux enfants moi-même. Leur mère était toujours entre deux cures de désintoxication alcoolique, alors j'ai compensé. Maintenant que je dois m'occuper de moi et seulement de moi, je sens cette grande vacuité, le syndrome du nid vide. J'ai beau remplir ma vie, prendre des cours de gym, faire du bateau, tout ce temps libre me terrifie. Je fais comme si tout allait bien – un homme n'est pas censé pleurer le départ de ses enfants –, mais, au fond, je suis déprimé. Et comme je ne suis pas près d'être grand-père...

– Je n'avais jamais considéré le problème sous cet angle. Tiens, je vais me documenter sur le sujet. Tu m'ouvres des horizons. »

C'est ainsi que j'ai commencé mon enquête sur le syndrome du nid vide (SNV). Un passage obligé pour les parents, mais qui les affecte d'autant plus profondément qu'ils ont pris le parti d'élever attentivement leurs enfants. Élisabeth Badinter l'a souligné dans *L'Amour en plus* : l'amour parental tel que nous l'éprouvons est une invention récente. Depuis une trentaine d'années, papa et maman se veulent plus proches de leur progéniture. Les attentes affectives de la relation sont plus fortes qu'à toute autre période de l'histoire. Ce supplément d'amour induit, lors de la séparation, un sentiment d'abandon : le syndrome du nid vide.

Personne n'y échappe, même si les symptômes varient d'un individu à l'autre : beaucoup, soucieux de ne pas laisser la douleur s'installer au cœur de leur existence, sont saisis d'hyperactivité. Ainsi, certains se lancent dans de grandes causes humanitaires ou dans la vie associative, véritables exutoires au trop-plein d'amour qui les habite. Mais d'autres sombrent dans une léthargie dépressive, du style « plus rien ne m'intéresse puisque ce n'est que pour moi et je ne suis pas assez intéressant(e) pour avoir une vie à moi, rien qu'à moi ».

Les réactions au SNV sont généralement du type « esquive » ou « fuite en avant ». Les pervers manipulateurs feignent la bouderie envers leur progéniture : « Tu as voulu partir, je ne veux plus entendre parler de toi, débrouille-toi sans moi. » Les plus immatures se réfugient dans le déni de la réalité et reportent leur affectivité sur un chien ou un chat, ces bébés qui ne grandissent pas ! On se met à détester Noël, puisque « de toute manière, sans les enfants, c'est affreux, ces fêtes de famille ». Les plus casse-cou décident de changer de vie, quitte à se déstabiliser totalement. On rase tout et on recommence. C'est la tactique Attila : éliminer toute trace de son passé. Inutile de préciser qu'aucune de ces stratégies ne fonctionne.

Première partie

Avant le départ de l'enfant

Chapitre 1

Le syndrome du nid vide

On n'élève pas son enfant pour soi – Tous les parents souffrent-ils du SNV ? – Mères et pères : un SNV vécu différemment – Les beaux-pères et les belles-mères aussi – Deuxième adolescence des parents : attention, danger !

On n'élève pas son enfant pour soi

Tous les parents vous jureront qu'une seule chose les intéresse : le bonheur de leur(s) enfant(s). Cette formule toute faite, destinée à se donner bonne conscience, recouvre souvent des intentions moins avouables. Si vous prenez le temps d'interroger plus avant vos interlocuteurs, les réponses se feront plus nuancées. Vous découvrirez que, dans l'esprit de certaines personnes, l'enfant est là pour :

– donner un sens à sa vie ;
– faire plaisir à son partenaire ;
– réussir au moins quelque chose dans sa vie ;
– laisser une trace de soi (plutôt masculin, comme concept) ;
– se prouver qu'on peut être père ou mère ;
– donner de l'amour à un être qui va dépendre de nous, remplir notre vie et nous donner de l'amour en retour ;
– avoir du pouvoir sur un être qui va dépendre de nous ;
– compenser des échecs et demander à nos enfants de réussir ce qu'on a raté ;
– se projeter dans le futur de l'enfant que l'on veut modeler ;
– faire comme tout le monde.

Il est plus difficile qu'on le croit d'aimer son enfant sans rien attendre en retour, de ne penser qu'à *son* bonheur.

Aline, divorcée depuis dix ans, vivait seule avec son fils Julien. Elle avait concentré toute sa vie et ses élans affectifs sur lui, pensé son épanouissement comme un programme. Il pratiquait tous les sports à son gré et, comme il était physiquement doué, c'était un plaisir de l'emmener s'entraîner les mercredis et samedis après-midi. Julien et sa maman avaient aussi exploré les musées pour qu'il s'initie à l'art, à défaut d'être lui-même un artiste. Il voulait jouer de la batterie ? Pas de problème, c'était bon pour développer son sens du rythme ! Rien n'avait été négligé : séjours aux États-Unis – l'anglais, c'est indispensable –, école religieuse – pour l'élévation morale et le goût de l'effort. Afin d'assurer à Julien un corps irréprochable, sa maman avait fait appel à un orthodontiste – dents parfaites, sourire nickel –, un nutritionniste – guerre aux kilos superflus ! – et un dermato – non aux poussées d'acné. Un esprit sain dans un corps sain.

Quand un jour, « son bébé » Julien, son œuvre, a manifesté des velléités d'indépendance, Aline s'est retrouvée face au grand vide qu'elle avait toujours refusé d'envisager. Elle avait survécu au divorce en mettant son énergie au service de l'éducation de son fils adoré, mais ne s'était pas préparée à son départ. « Pas maintenant, dans trois ou quatre ans, oui, mais pas tout de suite. Mon Dieu, donnez-moi encore un peu de temps avec mon enfant, s'il vous plaît », implorait-elle. Mais plus elle essayait de convaincre Julien qu'il était « encore petit », plus il se tenait à distance.

Aline a pris six kilos. Elle a fait une déprime et atterri sur le divan d'un psy. Il était temps pour elle de faire un travail sur sa peur du vide, d'intégrer que son fils avait le droit de vivre sans elle, que le lâcher c'était l'aimer mieux.

Coralie a fait un enfant parce que son mari lui mettait la pression : leur couple ne serait complet qu'à cette condition, répétait-il obstinément. Inquiète à l'idée de perdre son compagnon, elle a eu Quentin. En se montrant une très bonne mère, elle a compensé la culpabilité de ne l'avoir pas désiré.

Quand Quentin a commencé à s'éloigner, Coralie a souffert de crises d'angoisse, convaincue que, son fils parti, son mari en profiterait pour la quitter. L'enfant avait été le pont entre les deux parents. Après le départ de Quentin pour une université de province – un choix qui ne devait rien au hasard –, le couple a traversé une crise profonde. Il a fallu deux ans de thérapie conjugale pour que Coralie et son mari créent une intimité inconnue d'eux jusque-là et s'autorisent à vivre un bonheur *à deux.*

Souffrant d'un problème de genou, Sonia avait dû renoncer, dans sa jeunesse, à une carrière de danseuse. Lorsque Annabelle est née, Sonia a décrété que sa fille serait ballerine et aurait la vie dont elle-même avait rêvé. Au début, la petite s'était montrée docile. Les leçons de danse classique faisaient la joie de la mère, incapable de voir que son enfant vivait un cauchemar.

À l'adolescence, Annabelle s'est révoltée. Sa rébellion, son manque de goût pour l'effort et quelques kilos de trop ont brisé net les rêves de Sonia. Elle a vécu ce revirement comme une trahison. Le couple n'a pas résisté à l'entêtement de Sonia. Le mari, exclu du rêve, a refait sa vie avec une femme plus présente. Annabelle en a profité pour rejoindre son père.

Sonia croyait sincèrement aimer sa fille alors qu'elle ne projetait qu'une image idéale de sa maternité. Annabelle a refusé de devenir la chose de sa mère, qui s'offrait une vie par procuration. La rupture mère-fille a provoqué une grande souffrance chez Sonia. La crise passée, elle s'est dit, avec le recul, qu'elle aurait pu sublimer son désir et enseigner la danse à d'autres jeunes filles dont c'était la vocation.

Sophie avait vécu une enfance sans amour. Sa mère l'avait abandonnée, sa grand-mère l'avait élevée sans tendresse, son père avait disparu. Zéro structure familiale. Quand elle a rencontré Pierre, un très gentil garçon, Sophie a voulu créer une famille sans attendre, faire des petits pour combler ce terrible manque affectif. Quatre en six ans ! Du stakhanovisme familial. Heureusement qu'on ne fait plus bouillir les couches dans les lessiveuses ! Mais les enfants, ça grandit. Le départ de ses deux « grands » a terrassé Sophie. Elle a adopté des chats et des chiens, mais ce n'était pas suffisant. Elle s'est inscrite à l'ANPE et a décroché un job dans une crèche. À aucun moment elle n'a eu conscience qu'elle continuait à combler une ancienne béance. Quand elle sera grand-mère, il est à craindre qu'elle ne s'impose à ses enfants. Pour elle, le « nid » doit toujours être plein de gens à aimer et à materner.

Tous les parents souffrent-ils du SNV ?

Vous trouverez toujours des hommes et des femmes chez qui le sentiment parental n'est guère développé. Ils ressentiront à peine le syndrome du nid vide, puisqu'ils n'auront pas établi de lien puissant avec leur progéniture. Certains sont handicapés de l'affectivité parentale. Ils n'ont pas reçu et ne savent pas donner. Pour tous ceux qui sont des séducteurs impénitents, la présence de l'enfant est perçue comme un fardeau, un obstacle à toute liberté. Pour les hommes qui n'ont pas grandi, les Peter Pan, confier leur enfant à leur propre mère, leur sœur ou toute personne disposée à s'occuper d'un petit être abandonné est une solution qui va de soi.

Et puis il y a les parents immatures, incapables de comprendre qu'un enfant n'est pas un poupon qu'on prend et qu'on laisse au gré de ses envies. « Oh mon Dieu, j'ai un enfant, c'est tellement sympa d'avoir quelqu'un à aimer. » Mais cet enfant ne correspondait qu'au désir de remplir leur vie après le départ d'un partenaire. Que naisse une nouvelle histoire sentimentale et on le renvoie chez la nounou.

Pour les parents intérimaires, le SNV ne se manifeste que par intermittence. Ils sont bien les seuls à ne pas trop en souffrir. D'autres parents surinvestissent dans la vie professionnelle et ne prennent pas le temps de s'occuper de leurs petits. Ils pensent les aimer mais n'ont jamais le temps de donner de la tendresse. Alors ils donnent de l'argent.

Bien plus vulnérable est le « parent normal », entendez quiconque s'est impliqué à un niveau profond dans une relation avec l'enfant : parent biologique, adoptif, beau-parent. Tous peuvent connaître le syndrome du nid vide. J'ai rencontré des pères divorcés qui en souffraient alors qu'ils avaient quitté le foyer « volontairement ». L'un d'eux m'a raconté la déprime qui l'a accablé le jour où il a reçu, dans sa garçonnière, le canapé dont il avait toujours rêvé. Dans un premier temps, il s'était réjoui à l'idée que ses deux sauvageons de fils n'abîmeraient pas le magnifique cuir beige en y frottant les semelles de leurs baskets. Puis, sans raison, il s'était effondré en larmes sur les peausseries délicates. Soudain, son nouvel appartement de célibataire lui semblait vide d'âme : pas de chahut, aucun bruit, sinon la *Petite Musique de nuit*, qui prenait des accents sinistres à ses oreilles.

« Je venais de réaliser que, sans mes marmots piailleurs, ma vie était vide et égoïste. J'avais rêvé d'être tranquille et maintenant que je l'étais, c'était si triste. J'ai appelé mes enfants pour leur dire que je les aimais. C'était bien la première fois que j'exprimais mon sentiment envers eux. »

Une maman m'a confié : « J'étais impatiente que ma fille ait terminé ses études et qu'elle parte vivre avec son copain. Ça faisait un certain temps qu'elle m'en menaçait tous les jours. Un jour, je l'ai prise au mot et lui ai dit : "OK, vas-y." Je rêvais de ranger la maison, de me débarrasser de sa collection de Barbie, de retirer les posters qui tapissaient les murs de sa chambre, de la vider et la transformer en atelier de peinture.

« Mon mari n'en revenait pas de me voir peindre la pièce en sifflotant, remplir allégrement de grands sacs-poubelle d'un tas de bricoles chargées de souvenirs. Il était devenu taciturne, j'ai craint qu'il ne couve une maladie. Je l'ai envoyé consulter un médecin, faire des analyses. Rien. Il était nickel. Quand le médecin lui a demandé si quelque chose avait changé dans sa vie, il a répondu que sa fille était partie et que cela l'avait totalement désarçonné. Il ne savait plus pour qui il se battait. Et moi qui faisais la forte – "Tout va bien, tout va bien, tout va très, très bien" –, je n'avais pas percuté une seule seconde qu'il était si malheureux. Il a parlé de ce vide d'enfant avec des mots dont je ne l'imaginais pas capable. Ce soir-là, après son retour de chez le médecin, nous avons marché longuement en nous tenant la main comme nous ne l'avions plus fait depuis de longues années, et nous avons décidé de nous offrir régulièrement des dîners en tête à tête. »

Dans le même registre, j'ai été le témoin d'histoires étonnantes. Une de mes amies avait rompu avec son copain et, malgré tout, il continuait à passer chez elle, souvent à l'improviste. Elle avait d'abord pensé qu'il l'aimait encore, mais, au cours d'une conversation, il lui avait avoué que c'étaient surtout les enfants qui lui manquaient.

« Il faut dire que le point le plus réussi de notre histoire avait été sa relation avec mes enfants, se souvenait-elle. Ils l'adoraient, et c'était réciproque. Je lui ai demandé s'il accepterait de faire le baby-sitter de temps en temps. Il s'est montré ravi de ma proposition. Maintenant, il peut arriver qu'il voie les enfants en dehors de moi. C'est comme s'ils s'étaient choisi un deuxième père. Ça tombe plutôt bien, parce que le leur, pffff ! Un nul bien absent. »

Mères et pères : un SNV exprimé différemment

L'expression émotionnelle de la femme dans la relation avec sa progéniture est généralement forte et ostensible. Elle a connu, à la naissance, l'expérience du ventre vide. Chez elle, la fusion est plus intense, la coupure également. Que l'enfant soit passé biologiquement par son corps lui donne le sentiment qu'il lui appartient davantage qu'à l'homme.

Marie-Noëlle, 45 ans, n'a pas oublié le départ d'Octave.

« J'avais beau savoir qu'il fallait bien que mon

gamin s'en aille, mon cœur saignait d'avance. Je me répétais : oui, oui, c'est un passage obligatoire... Intellectuellement, j'étais d'accord, bien sûr, mais j'allais perdre mon bébé ! Je me rappelais la petite saucisse de six mois qui gigotait dans mes bras, couinait, grognait, hurlait, exigeait toute mon attention. Et là, *mon* Octave, 1 mètre 85 et 75 kilos, quand même, avait une vie autonome ! Sans moi ! J'en crevais ! Je surveillais le moindre de ses faits et gestes : "Où vas-tu ? Tu rentres dîner ce soir ? À quelle heure ? Tu ne me dis jamais rien de ce que tu fais ! Comment ça va avec ta copine ? Tu es gentil avec elle ? Et elle, elle t'aime ?" J'étais infernale, alors que j'adore mon fils ! Bon, c'est vrai que le père d'Octave est parti quand il était bébé et, depuis plus de dix ans, on formait une sorte de couple. Même l'arrivée de mon compagnon n'a pas coupé notre fusion. Lui aussi m'avait conseillé de laisser mon fils tranquille. Mais c'était plus fort que moi.

« Quand Octave m'a annoncé qu'il allait vivre chez sa copine parce que je le "gonflais trop", je l'ai giflé. Ce n'était pas bien malin de ma part, je le reconnais, mais ma souffrance était telle que je n'ai eu que ce réflexe. Il m'a fallu des mois pour effacer ce geste malheureux et reprendre le dialogue. Encore maintenant, je sens qu'Octave est prudent avec moi, et ses rares visites sont bien courtes. Il a toujours peur que je l'étouffe. »

On commence à comprendre aujourd'hui que les pères peuvent souffrir violemment de la séparation d'avec leurs enfants. Même s'ils l'expriment avec des mots différents, leur sentiment n'en est pas moins profond.

Étienne, 50 ans, n'est pas vraiment un macho. C'est un monsieur plutôt intello, profond et sensible, et j'aime bien échanger des idées avec lui. Il a un côté féminin qu'il assume bien. Il a affronté en même temps un divorce très difficile, la perte de son emploi puis un long chômage. Il a souffert du syndrome du nid vide et en a profité pour évoluer dans sa recherche personnelle en entreprenant une thérapie. Il avait besoin de toute son énergie pour rebâtir une carrière, assumer un boulot stressant et reconstruire un foyer où il pourrait recevoir ses fils.

« Un père peut souffrir autant qu'une mère, même si c'est lui qui part, souligne Étienne. On s'imagine toujours que c'est elle qui dérouille le plus parce que le bébé est issu de son propre corps, mais, pour moi, ça a été un arrachement. Quitter ma femme était devenu une évidence et une nécessité, m'éloigner de mes enfants s'est révélé terrible. Imagine en plus ma culpabilité et ma tristesse ! Tu sais que je me suis battu pour maintenir la relation avec mes enfants, les avoir à dîner deux ou trois fois par semaine, ne pas couper le lien, continuer à vivre ma vie d'homme à côté. Même quand j'ai eu un nouveau travail, je trouvais le temps de m'occuper d'eux tout en participant à des séminaires et en voyageant pour mon boulot. Maintenant, ça va mieux mais, quand je suis parti et que j'ai pris un appartement, ç'a été épouvantable, ces pièces vides. Mes fils me manquaient, plus de câlins le matin, plus de petits déjeuners en famille, plus de désordre, ni cris ni disputes sur ce qu'on regarde à la télé ce soir, plus de débats sur "frites ou pâtes ?" Tu sais que je suis devenu un spécialiste des surgelés maintenant ! Moi, cela m'a fait deux coupures, la première lorsque j'ai quitté le foyer conjugal, et la deuxième maintenant qu'ils font leur propre vie.

« Regarde, on se sent jeune, on devrait en profiter et pourtant, quand on n'a plus ses enfants, on ne sait plus quoi faire de sa peau. Il faut se réinventer, remplir sa vie avec des désirs qui n'appartiennent qu'à soi. Quand Romain, mon fils aîné, est parti faire son premier stage de six mois en Espagne, quel vide j'ai ressenti ! J'avais encore ses deux frères à dîner, mais l'ambiance n'était déjà plus la même, la fratrie était sérieusement amputée. Je suis allé travailler en thérapie pour cela. En revanche, Romain et moi nous sommes beaucoup rapprochés à ce moment-là. Nous nous envoyions des mails tous les jours. On échangeait comme deux hommes qui parlent de leur carrière, je lui donnais des conseils pour gérer ses relations. Je ne m'adressais plus à un petit garçon.

« À cette même époque, j'ai entamé une nouvelle relation amoureuse qui, pour une fois, semblait vivable. Était-ce lié à ce départ ? Peut-être... En tout cas, j'étais prêt à m'engager, dans la mesure où je ne concentrais plus tous mes objectifs sur la famille. »

Les beaux-pères et les belles-mères aussi

Un cœur de parent, c'est vraiment grand. Même si on n'est pas le parent biologique d'un enfant. La vie quotidienne crée des liens puissants. Partager l'éducation d'un enfant avec un partenaire que l'on aime crée automatiquement un rapport de parent.

Jean-Daniel est ostéopathe. Grand, costaud, sensible, des mains puissantes, il se montre d'une subtilité étonnante quand il s'agit de déchiffrer, de soigner les blessures du corps et de l'âme.

« Vous avez des soucis affectifs ? m'avait-il demandé lors d'une consultation.

– Oui, mon fils veut aller vivre avec sa petite amie. J'ai beau prétendre que c'est génial, que je vais tout faire pour l'aider à être autonome, je suis en vrac.

– Les problèmes d'enfants, ça nous concerne profondément et ça nous rend très vulnérables.

– Vous avez des gamins ? lui avais-je demandé.

– Oui, j'en ai un d'un premier mariage, qui vit en province, et deux autres, qui ne sont pas de moi. Ce sont les enfants de ma deuxième femme, mais nous sommes très proches, et tout le monde s'entend bien. Ils vont bientôt aller vivre chez leur père en Floride. Pour nous, c'est affreux. Leur père ne s'est pas manifesté pendant des années, et je me suis occupé d'eux depuis qu'ils sont tout petits. Mon fils les adore, il les considère comme son frère et sa sœur. Je les ai davantage élevés que mon fils, qui ne venait qu'un week-end sur deux, et je les aimais autant. Tout à coup, ce père disparu leur vend le rêve américain, et moi je suis un beau-père abandonné.

– Cela doit être terrible pour leur mère aussi...

– Elle va souvent aux États-Unis pour son boulot, elle les verra plus régulièrement que moi. Heureusement qu'il y a le téléphone et les mails.

– Mais ça doit vous faire un syndrome du nid vide !

– Jamais entendu parler. Mais c'est exactement ce que je ressens.

– Un vrai papa poule, même si ce ne sont pas vos enfants ! Quand reviennent-ils ?

– Ils vont passer au moins deux ans là-bas pour apprendre l'anglais. Nous nous verrons pendant les vacances, mais ce n'est pas la même chose. Mon fils aussi est traumatisé, déjà qu'il s'ennuie quand il vient nous rendre visite et qu'ils ne sont pas là… »

J'ai croisé Jean-Daniel récemment, il rayonnait. Et pour cause. Les enfants de sa femme passaient leurs vacances en France et ils les voyaient beaucoup. Le mois précédent, il avait accompagné aux États-Unis son fils qui rendait visite à « son frère et sa sœur » de cœur.

Éric a 56 ans. Après un premier mariage sans enfant, il a épousé une femme qui avait deux enfants d'un précédent mariage. Il les a totalement adoptés et élevés. Lorsqu'à son tour sa deuxième femme l'a quitté, il a été victime d'un problème cardiaque tant il a été choqué. Non par le départ de son épouse – le couple n'avait jamais vraiment fonctionné –, mais par celui de *ses* enfants, devenus le centre de sa vie.

Éric adorait ces deux garçons, d'autant plus qu'il se savait stérile. Il s'était davantage investi que leur père, jouait au tennis avec eux, contrôlait leurs devoirs, les félicitait quand ils réussissaient, les grondait lorsqu'il y avait du relâchement. Il allait aux réunions de parents d'élèves, se préoccupait de leur avenir, alors que leur mère y était totalement indifférente. Une fois les remous du divorce calmés, Éric a réussi à garder le contact avec ses beaux-enfants. C'était essentiel pour lui.

Lorsque Barbara a rencontré Marc, il était enlisé dans une relation de culpabilité avec ses enfants. Ils ne respectaient pas du tout leur père et ne savaient manifester que des exigences matérielles : « Achète-moi ceci ou cela, de telle marque, sinon je ne viens pas. On fait quoi de spécial ce week-end ? Tous mes copains de classe vont au soleil à Noël et pas nous ! C'est minable ! » Jamais bonjour, ni bonsoir, ni merci. Ils étaient plus affectueux avec le chien. Barbara était horrifiée. Elle a fait savoir à Marc que les week-ends avec ses enfants seraient exclus tant qu'ils ne seraient pas redevenus civilisés. Elle n'avait pas l'intention d'être la bonniche des deux sauvageons.

La rééducation s'est faite progressivement. « Tiens-toi droite, c'est pour ton dos, ma grande, sinon tu seras bossue. Et toi, ne lèche pas ton couteau. Ne parle pas sur ce ton à ton père... » D'abord stupéfaits qu'une étrangère formule de tels ordres, les enfants ont appris à respecter Barbara et à l'aimer. La relation avec leur père, qui osait *enfin* imposer lui aussi des limites, s'est assainie. Ils ont pris ensemble leurs premières vacances, quinze jours d'affilée sans connaître le moindre accroc.

Tous avaient admis que les bonnes manières aident à mieux vivre. Barbara a aidé la jeune fille dans ses leçons d'anglais. Elle a été d'un grand soutien pour le fiston lorsqu'il a voulu faire carrière dans la musique. Elle est devenue leur alliée.

Curieusement, lorsque les deux adolescents ont pris leur envol, c'est Barbara qui s'est surprise à sentir le vide que leur absence laissait. Elle qui s'était donné pour mission de rééduquer ces jeunes rebelles s'était attachée fortement à eux.

Chaque année, tous s'efforcent de trouver au moins une semaine pour partir en vacances avec les enfants de ses beaux-enfants. Et comme grand-mère, Barbara ne compte pas pour du beurre !

Annie, en revanche, avait été adoptée d'emblée par sa belle-fille Lætitia. Elles s'entendaient à merveille, au grand dam de la maman qui en nourrissait une jalousie féroce. Lætitia aimait Annie, une artiste, joyeuse, sexy, si différente de sa mère coincée et psychorigide. « Tu es ma mère choisie », lui disait-elle. Elles se téléphonaient tous les jours, faisaient du shopping ensemble, s'habillaient dans le même style. Le père de Lætitia ne pouvait rêver meilleure entente. Lorsque sa fille a été en âge de choisir, elle s'est installée chez lui.

Puis Lætitia est partie en Grande-Bretagne pour y parfaire son anglais et Annie a traversé un moment difficile. Elle a compris ce que la mère de Lætitia avait enduré. Les deux femmes ont commencé à se voir pour échanger des nouvelles de « la petite ». Une amitié étonnante est née. Annie a fait tout ce qu'elle a pu pour que la mère et la fille renouent, et ça a marché. Le syndrome du nid vide avait rapproché les trois femmes.

Deuxième adolescence des parents : attention, danger !

Autour de nous, nombreux sont ceux qui commencent une nouvelle vie amoureuse à 40, voire 50 ans. D'autre part la différence d'âge entre les partenaires amoureux ne semble plus faire scandale. Des hommes jeunes font la cour à des femmes plus âgées qui s'en trouvent flattées. Les parents divorcés se racontent leurs nouvelles amours. Il est moderne et de bon ton d'être copain avec son ex, ce « compagnon de jeunesse » qui n'a plus aucun mystère pour nous.

Entre adultes consentants, de tels comportements qui s'apparentent parfois à des jeux n'ont, en principe, aucune conséquence grave. Il faut cependant se garder de sombrer dans le ridicule et, surtout, de perdre toute crédibilité aux yeux des enfants. Dans une société encline à l'immaturité, il est tentant pour les parents de se dire, entre un tour à rollers et les courses à trottinette, qu'il suffit de faire l'ado pour être plus proche des problèmes de son enfant. Face à des grandes (?) personnes qui écoutent Eminem, les ados se demandent si leurs « remps » n'auraient pas tendance à retomber en enfance.

Patrick s'inquiétait. Son fils Antoine ne manifestait pas d'intérêt pour les filles et, au grand dam de son père, il n'usait pas de son charme pour les « tomber » toutes.

« Elles bavaient devant lui, et Monsieur les ignorait, il restait le nez dans ses bouquins à la terrasse des cafés. Je pensais même qu'il était bloqué des hormones. »

Patrick était en pleine deuxième adolescence. Il avait des aventures avec des filles très jeunes dont il ne se rappelait pas toujours le prénom. Quant à la maman d'Antoine, elle avait rencontré un Prince Charmant squatteur qui se transformait progressivement en crapaud. L'envahisseur avait, en prenant tout l'espace, contribué à desserrer les liens trop forts qui unissaient la mère et le fils.

Quelle image donnaient-ils à Antoine, ces parents en recherche d'eux-mêmes ? Antoine arriverait-il à avoir une image équilibrée du couple ?

Le père expliquait au fils :

« Tu comprends, je m'emmerde avec les jeunes, elles n'écoutent pas la même musique que moi, elles n'ont rien lu de mes auteurs préférés, leurs références ne sont pas les mêmes, elles ne comprennent même pas mon humour !

– Et tu continues à les draguer ?

– C'est pas moi, elles viennent vers moi, alors je ne résiste pas, la chair est faible, tu sais... » concluait-il, en prenant un air modeste.

De son côté, la maman, en quête d'un amour qu'elle ne savait même plus définir, vivait à un rythme qui semblait s'accélérer : boulot, dîners, sorties jusqu'au petit matin, gym pour garder la forme, quinze cafés par jour, le téléphone greffé à l'oreille pour ses échanges avec ses clients et ses copines.

Face à la crise d'adolescence de ses parents, Antoine n'avait plus de place pour la sienne. Il a commencé à passer beaucoup de temps chez les parents de la jeune fille dont il était tombé amoureux et a laissé ses géniteurs partir à leur dérive. Sans lui.

Laura, 44 ans, a divorcé d'un mari possessif et obsessionnel, après des années d'union quasi monastiques. À 19 ans, elle avait eu une fille, Olivia. Toutes deux vivaient une relation fusionnelle. Le jour où Laura s'est remariée, leur relation est devenue tourmentée. Laura peinait à équilibrer sa vie de femme et de mère. Elle mûrissait en même temps que sa fille. Son mari, qui n'était pas le père d'Olivia, se montrait très exigeant sur ses résultats scolaires. En conflit avec son beau-père qui lui piquait sa mère et se montrait sévère, Olivia a développé un caractère rebelle. Elle a saboté ses études pour embêter sa mère et pousser son beau-père à bout. Le couple a explosé après quelques années de cet équilibre précaire. Au moment où Laura a divorcé et retrouvé de la disponibilité pour sa fille, cette dernière est partie dans le Sud, partager la vie d'un insipide jeune homme. Laura a ressenti ce départ comme une double perte.

Elle a manifesté son SNV en adoptant un mode de vie frénétique : elle s'offrait enfin la jeunesse qui lui avait été volée. « La vie est un grand banquet », répétait-elle, l'air gourmand. Ce qui ne l'empêchait pas de suivre une thérapie pour trancher les liens conflictuels qui l'unissaient à Olivia. Car, même à distance et au téléphone, les tensions entre la mère la fille subsistaient. Olivia éprouvait encore de la rancune pour sa mère qui l'avait « abandonnée » pour l'amour d'un autre. Et l'idée de n'avoir pas vécu sa jeunesse ne donnait pas à Laura l'envie de se ranger et de vivre comme une « mémère ».

Caroline est une ravissante esthéticienne blonde de 45 ans. Elle pratique des massages sublimes. C'est le style de femme que tout le monde aime avoir pour amie. Son écoute est patiente et humaine. Douce, bien élevée, elle est connue pour sa modération.

La vie de Caroline a basculé en un jour. Sa fille avait rencontré un Antillais sublime et annoncé son intention d'arrêter ses études pour s'installer avec lui. Le soir même, son mari lui a appris qu'il quittait la maison pour vivre sa vie de « jeune homme ».

Caroline a traversé un tunnel presque suicidaire, elle a pris des antidépresseurs, commencé une lourde thérapie et continué à travailler pour payer les nombreuses dettes de son mari mises au jour après son départ.

Quand elle a recommencé à recouvrer ses forces, Caroline a demandé le divorce. Son mari venant d'hériter d'une jolie fortune familiale, elle est parvenue à récupérer un peu d'argent. L'ex, renfloué, s'offrait, lui, une deuxième adolescence et sortait tous les soirs en boîte, où il lui arrivait de croiser sa fille. « Papa est si pathétique dans son jeunisme ! » commentait-elle.

Deux ans plus tard, la fille s'est séparée du petit ami et a repris ses études. Les relations entre la mère et la fille se sont renouées progressivement, mais la fusion d'autrefois avait disparu, d'autant que Caroline avait maintenant un homme dans sa vie. Elle ne voulait plus rien savoir de son ex.

Personne n'est à l'abri d'un accès de deuxième adolescence. Le mal est ancien, on l'appelait autrefois le « démon de midi ». Dans une structure familiale, il peut entraîner des dégâts irréversibles : liens affectifs détruits, parents devenus ridicules, voire indignes aux yeux de leurs enfants. Le mieux serait d'attendre que le nid soit vide pour s'offrir sa deuxième adolescence. Le risque se réduira alors à une sérieuse blessure narcissique. On en réchappe.

Chapitre 2

Comment vit-on quand les enfants s'en vont ?

LE SENTIMENT D'ABANDON DU PARENT ET SON DÉSARROI – SE PRÉPARER À L'ENVOL DE L'ENFANT BIEN AVANT SON DÉPART – PEUT-ON NE PAS AVOIR MAL ? – ACCEPTER L'INDÉPENDANCE DES ENFANTS – LE RÉSEAU AMICAL, ÇA AIDE ÉNORMÉMENT – NE PAS TOUT PARTAGER – SE RÉAPPROPRIER SON TEMPS ET NE PLUS VIVRE DANS L'ATTENTE DES ENFANTS – S'OCCUPER DE SON CORPS ET SE FAIRE DU BIEN – PRÉSERVER SA VIE DE FEMME (D'HOMME) MÊME QUAND ON EST PARENT

LE SENTIMENT D'ABANDON DU PARENT ET SON DÉSARROI

Dur d'être un parent moderne et compréhensif qui respecte la vie privée de son enfant ! Surtout quand celui-ci ne lâche plus une info... On est pourtant sûr qu'il a lu une interrogation dans le regard du parent (la mère, en général). Mais l'ado est doué pour l'évitement, il ouvre un œil de poisson mort et chacun fait comme si tout allait bien. D'ailleurs, tout va plutôt bien tant qu'on n'aborde pas les sujets qui fâchent.

Quand, depuis deux jours, on n'a pas vraiment vu son enfant, on stresse, on se sent abandonné. Il est passé en coup de vent, ressorti avec un sac bourré de CD, prenant juste le temps de changer de baskets et de demander un peu d'argent pour le sandwich de midi. Aucun commentaire sur ce qu'il fait. Pas touche à sa vie privée.

Qui sont ces nouveaux copains qui n'arrêtent pas de téléphoner ? Mystère. On espère que ce sont de bons gamins et pas de la caillera. A-t-il une petite amie ? On n'ose pas aborder le sujet, de peur d'être intrusif. Drogue, sida, tout défile dans notre tête.

« Tu as fait quoi, hier soir ?

– Rien, on était avec des copains...

– Vous vous êtes bien amusés ?

– Ouais... »

Vous n'en tirerez rien de plus. C'est sa façon de vous préparer au grand départ.

Discrètement, vous le dévisagez. Il a l'air d'avoir bonne mine. Quoique... il a souvent les yeux cernés, ces derniers temps... Encore faut-il les voir, ses yeux, qu'il a l'art de détourner.

Vous vous demandez si c'est mauvais signe quand un gamin direct et franc comme l'or ne regarde plus sa maman ? Non, ça veut juste dire : « Laisse-moi grandir, arrête de me mater, de me scruter, de me contrôler. En clair, fous-moi la paix. »

Pendant des années, vous avez été là chaque soir pour mitonner un menu diététiquement correct. Vous avez vérifié si les devoirs étaient faits, les dents brossées – « Tu es sûr que ça fait trois minutes ? » Vous avez donné tout votre amour et votre attention. Et voilà qu'en guise de remerciement, il vous lance : « Lâche-moi les baskets. » Vous vous sentez abandonnée, niée, rejetée, en plein désarroi.

Il faudra bien s'habituer, pourtant, car cette situation va probablement s'aggraver. Chaque fois que vous penserez communiquer avec votre enfant, il prendra votre démarche pour une tentative de le placer sous contrôle.

La seule question « Tu fais quoi ce week-end ? » peut être considérée comme intrusive et déboucher sur un conflit. Il est important de préciser qu'il ne s'agit que de mettre les choses au point, *pour lui* autant que pour vous. S'il vous répond qu'il s'absente ce week-end avec les copains, dites-lui que vous *aussi* vous allez partir avec vos amis. Ainsi l'enfant n'aura pas l'impression que vous lui reprochez de sortir.

Il est important de vous préparer progressivement à ces absences qui vont se répéter puis se prolonger. Sinon vous allez ressentir chacune d'elles cruellement et votre réaction lui donnera deux fois plus envie de s'enfuir. Évitez de prendre un regard de cocker pour dire : « Sors et amuse-toi bien, moi, je vais me faire une petite soupe et me coucher tôt. » C'est culpabilisant et manipulateur.

Se préparer à l'envol de l'enfant bien avant son départ

Martine : « Moi, je suis une mère comblée, mes trois fils ne sont pas près de me quitter, ils savent que je serais très malheureuse s'ils s'en allaient. Quand je pense que leur père, ce salaud, les a abandonnés pour vivre avec une autre femme ! Moi, j'en serais incapable, c'est d'ailleurs pour ça que je n'ai personne dans ma vie, je vis pour mes trois hommes. »

Quand j'entendais Martine me faire de telles déclarations, je me hérissais en pensant à ces trois malheureux que leur mère piégeait en toute bonne foi. D'autant qu'ils avaient entre 16 et 20 ans. Martine faisait semblant de ne pas comprendre quand je l'invitais à lâcher du lest. « Ce n'est pas moi qui les retiens, ils sont contents de rester avec leur mère chérie », insistait-elle. Elle ne voulait pas voir une seule seconde quelle castration elle opérait.

L'un de ses fils était en échec scolaire comme s'il avait décidé de ne pas grandir, de rester le plus longtemps possible avec maman pour la protéger. Le second, bouillant de rage, pratiquait les sports les plus violents, une façon d'évacuer la colère accumulée. Le troisième était le petit chouchou à sa maman mais, sous ses airs dociles, il dissimulait un art d'obtenir tout ce qu'il voulait, en vrai manipulateur.

Au cours d'une violente bagarre, le cadet a brisé le bras d'un copain. L'école a exigé qu'il entreprenne une thérapie. Il a fallu de longs mois et les demandes répétées du thérapeute pour que Martine accepte à son tour de faire un travail sur elle-même.

Martine, qui avait perdu sa mère jeune, nourrissait un complexe d'abandon, réactivé par le départ de son mari. Elle a renoncé au « bouche-à-bouche émotionnel » avec ses enfants. Cette période a été très dure pour elle, mais peu à peu elle a lâché du lest, d'abord dans la douleur puis plus sereinement. Elle a commencé à prendre des vacances, seule ou avec des amis, et laissé les enfants se rapprocher de leur père.

Certaines mères commencent à se préparer à une vie sans les enfants à l'occasion d'un divorce. Avoir du temps libre un week-end sur deux et la moitié des vacances les habitue à l'idée que les enfants peuvent avoir une vie en dehors d'elles. Cette séparation progressive est salutaire pour tous.

Françoise se souvient de la première fois où son fils lui a annoncé :

« M'man, pour l'anniversaire de Papy, faut que je te dise, je serai pas là !

– Quoi ? Tu ne passes pas l'anniversaire de ton grand-père avec nous ? »

Elle, si attachée aux traditions familiales, en était bouche bée. Elle a ressenti une vraie souffrance. Pourquoi les enfants nous font-ils si mal ? Mais elle a su faire l'effort de rester parfaitement calme.

« Ah bon… Et où seras-tu ?

– Dans la famille de ma copine, chez sa grand-mère. »

Françoise s'est mordu la langue pour ne pas crier que Papy était plus important que la grand-mère de la petite amie.

« Et pour les vacances de février ? a-t-elle simplement ajouté.

– Je pars en voyage à Rome, avec ma copine.

– Bon... »

Elle a blêmi. Son fils a senti qu'elle était ébranlée. Il a cherché à se rattraper.

« Tu vas chez Mamie comme d'habitude, a-t-il plaidé, d'une voix douce, tu ne seras pas toute seule, il y aura toute la famille, et puis, tu as ton copain aussi...

– Oui, mon petit chéri, mais toutes ces réunions familiales sans toi, ce n'est pas tout à fait la même chose pour moi. Enfin, puisque tu as pris tes décisions, je ne vais pas jouer à la mère juive et t'en empêcher, tu es un grand garçon et tu es autonome, tu fais ce que tu veux. »

Françoise qui avait du mal à prononcer ces derniers mots avait pris un ton un peu pincé. Elle avait pourtant conscience que cette manière de dire « Tu es grand, mais tu fais du mal à Maman » était un peu manipulatrice.

Par la suite, elle a trouvé la force de ne plus

culpabiliser son fils. Il a imposé sa propre tradition de passer chaque Nouvel An dans un pays différent. Sa mère a instauré des « Noëls avant Noël » et des fêtes sans date fixe afin de garder le contact et le côté festif.

PEUT-ON NE PAS AVOIR MAL ?

On ne grandit qu'en traversant des étapes de frustration qui impliquent quelques arrachements. Ça ne fait jamais de bien sur le moment. Comme on ne peut se protéger de tout, il faut bien vivre et avancer. Plus on s'ouvre à la conscience, plus on cherche à comprendre comment trouver en soi les ressources pour passer des caps, mieux on sera armé pour supporter la souffrance.

Le réflexe « dès-que-j'ai-un-bobo-je-prends-des-calmants-ou-des-antidépresseurs » a fait de nous des zombies émotionnels. La quête obsessionnelle du bonheur nous pousse à éviter la moindre peine. Le monde est devenu douillet de l'âme. Mais on ne règle pas un problème en faisant l'économie de la douleur : on peut la transformer, en tirer de la force. De la même façon, on doit anticiper le moment où l'on se retrouvera seul et s'organiser pour des activités agréables. Pendant ce temps, l'enfant peut faire des choses agréables *pour lui, sans nous.*

« J'aimais tellement mes deux filles, raconte Catherine. Nous vivions toutes les trois dans une harmonie que je pensais parfaite. Mon mari était décédé, mais je n'avais toujours pas fini mon deuil, sept ans après. Je ne me voyais pas introduire un homme dans ma vie tant que mes filles ne seraient pas autonomes. J'étais très bien comme cela, du moins le croyais-je. En réalité, je les soumettais à une pression énorme : elles n'osaient pas me laisser seule, ni le soir ni les week-ends.

« Un jour, à l'occasion d'une grosse grippe, ma cadette a explosé : "J'en ai marre que tu sois une mère parfaite, que tu travailles trop, que tu n'aies pas d'homme dans ta vie. Ma sœur et moi, on n'en peut plus de jouer les filles modèles pour ne pas te décevoir. On n'ose même pas sortir, comme nos copines, pour ne pas te laisser seule, on range bien notre chambre pour que tu n'aies pas trop de boulot et tout ça... C'est trop lourd !"

« Une bombe sur la tête ne m'aurait pas fait plus d'effet. Je n'avais jamais eu le sentiment de demander tout cela à mes filles.

« "Que veux-tu que je fasse ? l'ai-je interrogée.

« – Je veux que tu t'amuses, que tu reprennes

une vie à toi, sans nous. Force-toi à partir en vacances avec des amis, ne fais plus de projets où tu nous englobes...

« – Mais je croyais *vous* faire plaisir et faire votre bonheur en étant là, pour que vous vous sentiez moins abandonnée par votre père.

« – Oui mais, moi, je veux aussi avoir une vie avec des amis à moi, rien qu'à moi."

« Ce fut le seul éclat. Je venais de découvrir que, sans mes filles, j'étais une handicapée de la vie. Je ne savais plus dire "je". Le "nous" était une seconde nature. Je me suis inscrite à un cours de danse... seule. Le premier jour, je me suis sentie idiote sur la piste et j'ai voulu rentrer chez moi et me cacher. Puis j'ai imaginé ma fille Karine, les sourcils froncés de mécontentement, et je suis restée. Ça m'a plu, j'y suis retournée toutes les semaines, je me suis fait des amies ; pour les amis sans *e*, c'était plus dur : j'avais oublié comment ça marche, ces trucs-là. Petit à petit, j'ai entrepris d'autres activités dans le groupe de danse et j'ai rencontré des gens de mon âge, drôles et gentils. Je suis sortie du rôle "veuve et mère parfaite". Mes filles ont commencé à vivre leur propre vie. Je ne dis pas que cela s'est fait en un jour, il m'est arrivé de leur proposer de m'accompagner dans mes activités. Elles ont refusé gentiment mais fermement :

“Sors avec tes amis, nous avons les nôtres maintenant, vis ta vie.” Sans cette conversation avec ma fille, j’aurais sans doute tout fait pour les empêcher de prendre leur envol, par peur d’être abandonnée et de vivre un deuxième deuil. »

Accepter l’indépendance des enfants

« Je laisse mes enfants faire ce qu’ils veulent, ils sont entièrement libres », déclarent certains parents qui se prétendent « modernes ». Il ne leur vient pas à l’idée que leurs ados ne voient dans cette attitude qu’indifférence à l’égard de ce qu’ils font, voire se convainquent qu’ils ne sont pas aimés.

« Papa ne me demandait jamais si je voulais aller à la pêche avec lui, se souvient Thierry. Et pourtant, ça m’aurait fait plaisir de partir avec lui au petit matin, de passer au moins un jour, de temps en temps, avec lui, dans ce cadre-là. Pas à chaque fois, bien sûr, je comprends que c’est son plaisir d’être seul, mais je n’ai jamais osé lui proposer et il est toujours parti sans moi. »

À l’opposé, d’autres parents pratiquent la dictature absolue.

« Je t’interdis d’être ami avec ce garçon, il ne me plaît pas, j’ai horreur de sa dégaine, je te demande de renoncer à ton groupe de musique tant qu'il en fera partie. » Si le jeune homme en question est un dealer d'héroïne, il est normal que vous soyez sévère. Mais si c'est pour un délit capillaire, alors là, vous abusez. C'est la meilleure façon de provoquer la rébellion du fiston.

Que vous le vouliez ou non, vos enfants vont connaître leurs premiers émois amoureux sans vous. Ne vous mêlez pas de leur vie sexuelle, contentez-vous de leur répondre s'ils abordent le sujet eux-mêmes. Si vous ne voulez pas passer pour un demeuré, il n'est plus temps de leur dire : « Hum, tu sais comment naissent les petits chats ? Eh bien, hum, voilà... »

Votre rôle consiste à les informer des risques encourus (MST, sida, grossesse non désirée) et des moyens de contraception existants. Ils vous sauront gré de respecter leur vie privée et de leur reconnaître le droit d'être un homme ou une femme à part entière.

De la même façon, ne tentez pas de garder le contrôle en assénant : « Tu auras des relations sexuelles avec ton copain (ta copine) seulement quand je te le permettrai. » Ce ne serait pas très malin... Vous croyez sérieusement que votre fille ne va pas aller en douce chez le gynéco se faire prescrire la pilule ? Que votre fils ne va pas acheter des préservatifs ? Quel moyen avez-vous de savoir quand *ça* va se passer ? Plus judicieux est de dire : « Surtout, n'hésite pas à venir me parler, quel que soit ton problème. »

Une maman était convaincue que la première fois où sa fille ferait l'amour avec un garçon, elle la préviendrait puisqu'elles se disaient tout. Lorsqu'elle a découvert que, depuis deux ans, la jeune fille entretenait une relation suivie avec un homme qui avait l'âge d'être son père, la mère a eu une réaction extrême. Elle a mis à la porte avec une valise sa fille qui l'avait « trahie ».

La jeune fille avait gardé le secret car elle était certaine d'être incomprise et rejetée. Elle s'est réfugiée chez son amant qui, heureusement, a pris soin d'elle et lui a permis de terminer sa scolarité. La jeune fille prenait des nouvelles de sa mère par l'intermédiaire de ses amies. Cette dernière, meurtrie dans son orgueil, préférait continuer à souffrir et restait inflexible. Elle a fait un gros SNV, mais a refusé de reconnaître qu'un peu de tolérance et de compréhension aurait pu arranger la situation.

On rencontre encore des parents qui mettent leur fille à la porte parce qu'elle est enceinte et que c'est une honte pour la famille. Ce qui est honteux, c'est de l'abandonner sans ressources, au moment où elle a réellement besoin d'un soutien familial, soit pour l'orienter vers une IVG, soit pour l'aider à mener sa grossesse à terme. Les foyers d'accueil regorgent de ce genre de cas pathétiques.

Une information préalable solide sur le sujet de la contraception et des relations de confiance avec l'adolescente peuvent éviter ce genre de dégâts.

L'indépendance de votre enfant passe aussi par l'établissement d'un budget, modulable selon les résultats scolaires et le degré de participation aux tâches ménagères. Il faut encourager au plus tôt le futur adulte à gagner une bonne partie de son argent de poche en assurant des baby-sittings, en donnant des leçons particulières, en prenant un job de vacances. Ensuite, à lui de tenir sa comptabilité. S'il a envie du supertéléphone portable numérique qui engloutira la totalité de sa première paye, il découvrira que c'est au détriment du budget boîtes de nuit.

Certains parents, s'ils ne donnent pas d'argent de poche à leurs enfants, leur achètent tout ce dont ils ont besoin ou envie : lunettes de soleil de marque, vélo, appareil photo. Il faut bien que l'ado se sente l'égal de ses copains. Pour les parents, c'est une autre façon de garder le contrôle. Ils oublient au passage que la course aux marques dans les lycées et les collèges entretient un climat de compétition malsain. Sachez résister aux pressions qui transforment vos enfants en *fashion-victims*. Il faut les amener à ne pas avoir besoin d'accessoires pour se sentir sûrs d'eux-mêmes. En outre si vous les gâtez trop, cherchez les vraies motivations qui sont tapies en vous. Vous croyez qu'ils vous aimeront plus ? Qu'ils vous seront plus attachés ?

Jérémy, 19 ans : « Chaque année, je partais avec papa et maman dans une jolie maison de location ou un club bien chic. Lorsque je leur ai annoncé que je voulais aller camper avec des potes, mes parents ont flippé. Ils ont essayé de me faire peur en me disant que je ne pourrais pas m'en sortir, que je n'étais qu'un enfant gâté, que je n'allais manger que des saletés, que je dormirais à la dure, racontant des histoires de scorpions et de germes, etc. Comme je n'en démordais pas, ils m'ont dit de me débrouiller. J'ai fait la plonge dans un restau sur la Côte pendant six semaines, puis je suis parti avec mes copains, on a fait le tour de plein d'îles, en Grèce, et je me suis amusé comme jamais. J'ai pu prouver aux parents qu'il n'y avait pas qu'un style de vacances et que j'étais autonome. »

Le réseau amical, ça aide énormément

Si vous appartenez à ces familles qui vivent en autarcie émotionnelle, préparez vos mouchoirs. Pour les adeptes du « bonjour-bonsoir au boulot et à la sortie on ne connaît plus personne », la séparation s'annonce particulièrement difficile. Quant à leurs enfants, ils sont mal partis eux aussi. Comment expliquer à ceux qui n'ont jamais connu que leur petit cercle familial que la vie sociale c'est fondamental ? Car, chez ces gens-là, on rentre chez soi, on « mange un morceau », un peu de télé et au dodo. On a toujours une bonne excuse pour vivre comme des ours : « Je suis trop crevé pour sortir en semaine », « Je n'ai pas le temps d'organiser des dîners », « Les enfants se lèvent tôt, ils ont école le lendemain ». Combien d'hommes ont pour meilleurs amis leur journal et leur télé ? Un bisou aux enfants, « ça va ? – Ouais, ouais... » et c'est tout.

Pour mener une vie équilibrée, il est capital d'avoir un réseau d'amis. Vous pourrez toujours vous habituer au départ de votre partenaire mais, quand les enfants s'en iront, ce sera l'horreur. Se sacrifier pour un seul être, homme, femme ou enfant, se révèle inutile et destructeur.

Submergée par des problèmes qui lui paraissaient insolubles, Estelle était en larmes au téléphone. D'habitude son « allô » dynamique et enthousiaste déclenchait immédiatement le sourire.

« Que se passe-t-il ?

– C'est de pire en pire chaque jour, le lycée vient de m'appeler : mon fils n'est pas allé en cours depuis trois jours. Le proviseur m'a demandé de chercher un autre établissement. Kevin ne fait rien depuis le début de l'année. Soit il joue les perturbateurs, soit il ne va pas en cours. Mes parents sont malades et hospitalisés, ma fille s'est installée chez son copain dans une chambre de bonne et, ce mois-ci, elle me demande de payer le loyer. Son mec est DJ, mais il n'a plus de boulot et risque l'expulsion. Mon ex me rend responsable de tout. Il dit que je ne me suis jamais occupée des gosses. Bien sûr, je travaille beaucoup puisqu'il ne paie jamais rien. Notre appartement vient d'être vendu, il faut que je déménage et je n'ai encore rien trouvé. Je n'en peux plus.

– Tu as besoin d'une école pour ton fils ?

– Je veux le mettre en pension, il sera avec des hommes, encadré. Ça lui fera du bien de ne pas être livré à lui-même. La moitié du temps, il éteint son portable. Je ne sais pas où il est, et il ne me rappelle jamais.

– Appelle Christine, elle a mis ses garçons dans une pension en dehors de Paris, et ça va beaucoup mieux depuis. Les deux gamins s'étaient mis à fumer des pétards. Ils sont rentrés dans le rang maintenant et tout le monde va mieux. Demande-lui les coordonnées de cette école. Et ta fille ?

– À condition que je la laisse vivre avec son mec, Sa Majesté veut bien aller à ses cours. Il faudrait un boulot pour son DJ chéri.

– Du vrai chantage, ma pauvre Estelle, tu en as trop lourd sur les épaules.

– Oui, c'est dingue, on était une famille normale et du jour au lendemain le système a explosé. On est tous devenus fous.

– Récapitulons. Tu dois trouver une personne pour s'occuper de tes parents quand ils vont sortir de l'hôpital ? Un appartement ? De quoi as-tu besoin encore ?

– Le boulot ça va à peu près, mais si ça pouvait être plus facile avec les enfants et mon ex... Heureusement que le réseau amical fonctionne. Merci d'être là et de m'écouter.

– Mais, toi aussi, tu es toujours là pour les autres. Bon, j'appelle la bande et on trouve des solutions à ton problème. Je te rappelle. Bisous, ma belle. »

Le fils de Laurence avait obtenu un stage de six mois en Angleterre, sa fille travaillait au pair dans une famille américaine. Laurence se souvient que son mari a sombré dans une déprime silencieuse à laquelle elle ne s'attendait pas : ce grand taciturne, qui n'avait jamais manifesté un désir de présence, n'avait pas supporté l'éloignement de ses enfants. Du jour où ils étaient partis, il s'était mis à rentrer plus tôt à la maison. Laurence, qui était toujours là auparavant, rentrait, elle, de plus en plus tard. Elle trouvait son mari sur le lit, caressant le chat qu'il avait royalement ignoré pendant des années. Il restait allongé, immobile, fixant le plafond, incapable de se concentrer sur un seul ouvrage, lui qui avait toujours adoré lire. Autant sa femme déployait une énergie folle et montait des projets associatifs, autant lui s'enfonçait dans l'indifférence.

Le retour des enfants l'a sorti de sa léthargie. Il s'est rapproché d'eux, mais il était conscient que la situation était provisoire, que ce « petit » départ avait été la dernière répétition avant le grand. Il avait expérimenté le syndrome du nid vide et savait qu'il devait s'y préparer. Sa femme l'a poussé à s'ouvrir à son réseau amical à elle – dans le passé, ils sortaient rarement ensemble, il préférait rester à la maison et lire. Bourré d'humour et bon cuisinier, il est devenu populaire auprès des amis de Laurence, tous très étonnés de le voir ainsi subitement « réveillé ».

NE PAS TOUT PARTAGER

Sous prétexte de garder une proximité, de ménager une bonne entente, certains parents partagent tout avec leurs enfants. Fusionnels, ils consacrent la totalité de leur temps libre à leur progéniture, ne s'accordent pas le droit d'avoir des activités personnelles. Ce travers concerne davantage les mères.

Les enfants se voient ainsi tenus au courant de questions qui ne les concernent pas : problèmes sentimentaux, vie professionnelle. Le tableau est souvent sinistre. Les ados en viennent à nourrir des inquiétudes sur un avenir qui ne s'annonce pas vraiment rose.

Il est capital d'entretenir une intimité avec soi-même, de tracer des frontières. Être adulte, c'est être capable de porter des secrets seul.

Anne-Laure m'a confié : « Quand ma mère me racontait par le menu comment sa chef faisait tout pour l'embêter, ça m'angoissait. Je me disais que je ne travaillerais jamais dans un bureau. J'avais beau lui demander de me laisser étudier en paix, elle passait au moins une demi-heure par jour à déverser ses soucis sur moi. C'était intolérable. Du coup, j'ai entamé des études pour être avocate : au moins, je serai libre de moi-même, je saurai me défendre seule et personne ne pourra me harceler impunément. »

Certains enfants connaissent le montant précis des revenus parentaux et font des commentaires sur la façon dont l'argent du ménage est géré. « Maman est trop dépensière, elle n'a quand même pas besoin d'aller chez le coiffeur toutes les semaines ! »

De plus en plus de parents – encouragés par la publicité – choisissent leur voiture en fonction des goûts de leurs enfants. Je connais des mères qui ne peuvent acheter de vêtements – et même de sous-vêtements – sans être accompagnées de leurs filles.

Être un adulte à part entière, c'est savoir à quelle place on se situe. Attention à ne pas mélanger les rôles. Les enfants ne doivent pas jouir du même pouvoir que les adultes. Vivre en totale fusion dans le même espace familial met en péril l'acquisition de l'autonomie indispensable au futur adulte. Par ailleurs, l'exercice d'un pouvoir, détaché des responsabilités qui l'accompagnent, fausse le sens des valeurs. On pense avoir tous les droits, on oublie que, en échange, on a aussi des devoirs.

De la même façon, certains ados connaissent tout de la vie sentimentale de leurs parents. « Les jules de maman et les copines de papa, dit Florence, n'avaient aucun secret pour moi. Je n'en demandais pas tant. J'avais droit aux commentaires de ma mère sur les bêtises de mon père. Et ce dernier venait me consulter pour savoir si ma mère se plantait avec son nouveau mec. J'avais l'impression qu'ils étaient eux-mêmes des enfants. J'avais horreur de toute cette intimité. De mon côté, je ne leur confiais rien, ni mes amitiés, ni mes rêves. Heureusement, j'avais ma grand-mère pour m'écouter, elle au moins tenait sa place, et auprès d'elle, je me sentais enfin une jeune fille.

« J'étais trop mûre pour mon âge, face à des parents immatures. On m'a volé mon adolescence. Quand maman me demandait ce que je ferais à sa place, j'avais beau lui dire que je n'étais pas à sa place et que je n'avais que seize ans, elle insistait.

Quant à mon père, il me présentait des copines qui avaient juste quelques années de plus que moi. J'avais honte pour lui. »

SE RÉAPPROPRIER SON TEMPS ET NE PLUS VIVRE DANS L'ATTENTE DES ENFANTS

Courses, lessives, repassage, couture, devoirs des enfants, activités extrascolaires, participations aux boums et goûters, balades à vélo ou à rollers, après-midi à Disneyland, heures passées dans les embouteillages... Les week-ends marathons de certaines sont plus épuisants qu'une semaine de travail. Avec des pères qui, si l'on s'en tient aux statistiques, consacrent en moyenne quinze minutes par jour au ménage, ces pauvres mères ne sont vraiment pas aidées. (Oui ! Bien sûr qu'il y a des exceptions, des papas poules dont le week-end est blindé en activités diverses.)

Isabelle a la chance d'avoir un mari qui assure un excellent train de vie à toute la famille. Comme elle ne travaille pas, elle tient à justifier sa position de mère au foyer. Elle se lève à cinq heures tous les matins pour préparer des sandwichs bio, garnis de petits légumes délicatement émincés, confectionne des madeleines à l'ancienne et tant d'autres choses parfaites car « la cantine, c'est monstrueux pour la santé des gamins ». Évidemment, les enfants renchérissent et la trouvent « dégueu », mais se précipitent au McDo dès qu'Isabelle a le dos tourné.

Beaucoup de mères n'envisagent pas de faire les courses sans leurs enfants. Elles cèdent à tous leurs caprices et se montrent incapables de faire un choix personnel. Tout leur quotidien est mis au service de leur progéniture. Elles ne prennent plus le temps de lire car ce temps serait dérobé aux enfants. Elles ne regardent plus que Disney Channel ou Canal J, puisque c'est bon pour l'enfant. Le nombre de mères célibataires qui ne s'autorisent jamais de sorties est impressionnant.

« Non, merci, les enfants sortent et, tu comprends, je vais les attendre.

– Mais ça ne t'empêche pas de venir dîner chez moi, quand même ?

– Si, parce que, sinon je serais trop anxieuse, tu comprends ?

– Ils n'ont pas de portable ?

– Si, mais je préfère ne pas sortir. »

Même quand les enfants sont grands et ont leur propre voiture, ces mères anxieuses restent à la maison... parce qu'on ne sait jamais. Elles ne s'endorment que lorsqu'elles entendent le bruit de la clé dans la serrure.

C'est le paradoxe de cette éducation : d'un côté, les enfants mènent une vie de petits adultes, de l'autre ils sont constamment infantilisés.

Placé au centre de l'emploi du temps parental, l'enfant éprouve les plus grandes difficultés à faire entendre ses désirs : voir ses copains sans les parents, partir en vacances chez une copine, participer à un stage de ski... Quant au parent, il se sent rejeté, inutile, abandonné. C'est la Bérézina émotionnelle.

Une majorité d'enfants éprouvent de la honte quand leurs parents viennent les chercher à la sortie de l'école. « Attends-moi plus loin dans la rue, je ne veux pas qu'on te voie, on va me prendre pour un petit qui ne sait rien faire sans maman. »

Dès que votre enfant exprime une demande qui concerne son autonomie, c'est qu'il a mesuré la responsabilité qui s'y rattache. Si vous ne lui avez pas rabâché que le monde est une horreur, truffé de croquemitaines, de violeurs et de bandits prêts à le détrousser dès qu'il sera hors de votre protection, normalement, il devrait se montrer digne de votre confiance.

Il faut savoir guider l'enfant vers son indépendance. C'est également vrai pour les parents.

S'OCCUPER DE SON CORPS ET SE FAIRE DU BIEN

Devenues mères, beaucoup de femmes se laissent aller, comme si leur nouveau statut engourdissait le désir de séduction. On peut pourtant trouver un moyen terme entre la frénésie narcissico-obsessionnelle du look et le style « mamma ». Il faut dépasser sa culpabilité, cesser de penser « si je vais à la danse ou à la gym, c'est autant de temps que je ne consacre pas à mes enfants, et s'ils rentrent à la maison et que je ne suis pas là, ils vont être traumatisés ».

D'abord, que savez-vous de leur vie quand vous n'êtes pas là ? Vous n'avez pas noté leur déception quand, alors que vous avez couru pour rentrer plus tôt que prévu, ils vous accueillent par un « déjà ! » tout en faisant disparaître le soda, les biscuits et en zappant de MTV vers Canal Jimmy. Non ! Vos ados ne sont pas traumatisés si vous êtes absente quelques heures par-ci par-là. D'ailleurs, comment survivraient-ils lorsque vous êtes à votre travail ?

Un enfant a besoin d'être fier de l'apparence physique de ses parents, il les aime beaux, jeunes et minces. N'ayez donc aucune gêne à prendre le temps de vous occuper de vous.

Après des années passées à jouer la maman italienne traditionnelle, toujours à la cuisine et en tablier, ne prenant plus le temps d'ajouter une petite touche de rouge à lèvres, Marina s'est reprise en main. Ses filles n'hésitaient plus à lui faire des remarques désagréables. Elle qui adorait recevoir des bataillons d'enfants et leur offrir des tonnes de biscuits maison, elle avait constaté que les copines se faisaient de plus en plus rares à la maison. L'aînée avait fini par s'en expliquer : « Maman, tu te laisses tellement aller que je ne suis pas fière de toi. Les autres mères se battent pour rester belles, toi tu as renoncé. Tu as de la chance que papa s'en moque. Mais sache que, s'il t'aime comme ça, c'est parce que ça le sécurise. Moi, je voudrais que tu changes et que tu redeviennes jolie et agréable à regarder. »

Marina en avait pleuré pendant plusieurs jours, trouvant le jugement de sa fille dur, superficiel. Avec tous les sacrifices qu'elle avait faits !

Furieuse, elle avait pris rendez-vous chez un nutritionniste... et mis toute la famille au régime. Elle s'était inscrite à un cours de gym, découvrant à cette occasion qu'elle réglait un problème de dos traîné depuis la naissance des filles. Adieu, gâteaux, flans et entremets, lasagnes et pasta, le frigo bourré de douceurs. Bonjour, fruits, salades, légumes et yaourts nature. Parfois, quand les filles rentraient à la maison, Marina qui était allée chez le coiffeur avait laissé un mot : « Débrouillez-vous, je rentrerai tard. »

Les deux filles étaient de tout cœur avec leur mère, chaque kilo perdu était fêté. Elles découvraient une image de femme et de mère plus adaptée à ce qu'elles souhaitaient vivre plus tard. Seul le papa n'était pas content. On lui avait changé ses habitudes. Mais, à la longue, il s'est adapté à la nouvelle épouse et a appris à faire des efforts lui aussi.

PRÉSERVER SA VIE DE FEMME (D'HOMME) MÊME QUAND ON EST PARENT

Je connais un jeune homme qui a éprouvé un choc terrible en apprenant, à 18 ans, que sa mère avait eu des amants. Ce côté secret de sa mère l'a blessé. Il y a vu un manque de confiance à son égard. Il ne supportait pas l'idée d'avoir vécu avec « une étrangère ». Qui étaient ces hommes qu'il n'avait jamais vus ? Pourquoi sa mère lui avait-elle dissimulé cet aspect de sa vie ? Par ailleurs, il lui en voulait d'avoir culpabilisé, chaque fois qu'il partait en week-end ou en vacances avec son père, à l'idée qu'elle se morfondait en l'attendant.

« Pourquoi m'as-tu caché tout ça ?

– J'avais peur que tu me juges mal. Et je ne voulais vivre avec aucun de ces hommes tant que tu serais à la maison. Je voulais me consacrer à toi.

– Mais c'était un sacrifice trop lourd ! Tu ne t'en rendais pas compte ?

– Je croyais bien faire et te protéger.

– Tu es peut-être passée à côté de la chance de former un nouveau couple ?

– Une fois ou deux, j'ai cru que c'était possible... Mais c'était trop compliqué de me partager en deux. J'ai choisi d'être mère d'abord. »

Officiellement, Bruno déborde d'obligations professionnelles : dîners d'affaires, séminaires et séjours à l'étranger. Officieusement, il entretient une belle relation avec Brigitte, qui attend le moment où il la présentera à ses deux enfants. Mais Bruno hésite. « C'est trop tôt, je ne suis séparé que depuis deux ans, il faut que mes enfants s'adaptent. Tu sais, ils seraient choqués de me voir heureux avec toi alors que leur mère est en vrac depuis que je suis parti. »

Le temps passe. Bruno ne manifeste aucune intention d'introduire Brigitte dans sa vie de famille. Si, quand les enfants lui téléphonent, il dîne avec elle, il répond : « Je suis occupé, là, je suis au restau avec des Suédois, je vous rappelle, mes petits loups. À tout à l'heure. »

Ne serait-il pas préférable de ne pas mentir, de ne pas tricher – deux choses que les parents exigent de leurs enfants –, de savoir donner l'image d'un couple heureux ? Vos enfants ont parfaitement compris les raisons de votre séparation. Sans entrer dans les dédales de votre vie amoureuse, vous devez les informer que vous avez votre vie. C'est une marque de confiance. Par ailleurs, votre sérénité sentimentale les aidera à envisager la vie de couple sous l'angle du possible. Et ils ne verront aucun inconvénient à vos escapades, que ce soit avec votre légitime ou une pièce rapportée. En rentrant, vous pourrez, sans entrer dans le détail de vos galipettes, leur dire :

« On a passé trois jours fabuleux, en tête à tête. Oui, on vous aime mais, parfois, c'est bon de se retrouver à deux en amoureux. Vous verrez quand vous serez grands. La vie de couple, c'est aussi important que d'aimer ses enfants. »

Deuxième partie

Au moment de son départ

Chapitre 3

Cet enfant qui part...

IL Y A UNE VIE APRÈS LE DÉPART DE L'ENFANT – SE PRÉPARER AU DEUIL DE LA RELATION FUSIONNELLE – LE DÉPART PRÉPARÉ – ATTENTION AU NOUVEAU COUPLE PARENT-ENFANT – MÈRES ET FILLES : UNE SÉPARATION DÉLICATE – VOTRE ENFANT A UNE VIE PRIVÉE – VOUS L'AVIEZ OUBLIÉ MAIS, VOUS AUSSI, VOUS AVEZ UNE VIE PRIVÉE – LA COMMUNICATION, OUI. LA GESTAPO, NON ! – TOUT EST PRÊT ? NE LE RETENEZ PAS – VOUS LE POUSSEZ VERS LA SORTIE – C'EST LA CRISE ? PROFITEZ-EN !

IL Y A UNE VIE APRÈS LE DÉPART DE L'ENFANT

Boulimiques de leur progéniture, certains parents, soudain conscients du départ imminent de leurs enfants, éprouvent une furieuse envie de passer un maximum de temps avec eux.

« Ils s'en vont, ils quittent la maison, ils ne vont pas disparaître pour toujours, quand même...

– Oui, mais, le matin au réveil, je n'aurai plus son petit déjeuner à lui préparer, ce sera un thé pour moi toute seule, c'est triste.

– Moi, je viens d'acheter une maison avec une piscine, comme ça les enfants viendront passer toutes les vacances avec moi.

– Et s'ils veulent voyager et aller ailleurs ?

– Ils viendront au moins les week-ends. »

Il y a une vie après le départ de l'enfant, vous ne le *perdez* pas. Au lieu de percevoir son absence comme un manque, une blessure, une fin, pensez que vous allez profiter de lui *autrement*. Et d'abord, il n'est pas encore parti, vous n'en êtes qu'aux préparatifs et aux grandes discussions.

« Dans quel quartier voudrais-tu habiter ? – Tu veux que je te donne de la literie ? – Tu pourrais emporter la vaisselle de ta grand-mère. – Que veux-tu prendre de ta chambre ? – Tu veux que je range tes BD au grenier en attendant ? »

Plus vous vous associez à l'organisation de son avenir, plus il vous en sera reconnaissant. Mais, en lui laissant l'initiative et le choix, vous profitez encore de sa présence et vous vous réunissez autour d'un projet.

Des parents s'imaginent bien faire en prenant tout en main : choix de l'appartement, du papier peint, du canapé et des rideaux. Ce à quoi ils ajoutent quelques vieilleries. Papa s'éponge le front, maman met les poings sur ses hanches. Alors, qu'est-ce qu'*on* dit ? Pas merci, en tout cas, ou alors du bout des lèvres, tant *on* se sent dépossédé. Étonnez-vous que, après une telle expérience, votre enfant évite de vous tenir au courant d'un nouveau projet.

Luc, 22 ans, ne parle jamais de ses projets de vacances à ses parents. Pas question que papa-maman débarquent tout sourire comme l'année précédente. « On a trouvé une petite location juste à côté de toi, quelle bonne surprise ! C'est tellement sympa ce mélange de générations. » Eh bien, non, pour Luc, ça n'avait pas été sympa du tout. Et, même s'il aime ses parents, il a horreur qu'ils le collent. « Suivez-le, il vous fuira, fuyez-le, il vous suivra ! » Ce qui est vrai en amour l'est aussi dans nos rapports avec nos enfants.

« J'ai su pourquoi j'étais sur terre le jour où mon enfant est sorti de mon ventre », dit la maman.

« J'ai vu ma fille naître et j'étais bouleversé, comme si rien n'avait existé auparavant », renchérit le papa.

Ça, c'est les débuts, un grand moment dans la vie. On sait au moins pourquoi on existe et pour qui. Allaitement, contact physique permanent à l'africaine, c'est bon pour le nourrisson. Oui, oui, oui ! Mais il ne faut pas oublier qu'on ne fait pas un enfant pour se faire plaisir et combler un manque. Quand la crevette grandit, on doit être là pour l'aider à faire ses premiers pas. Beaucoup de mères redoutent les étapes suivantes : un enfant qui marche, c'est un enfant qui peut s'en aller ! Et si l'on faisait comme si on n'avait rien remarqué, hein ? *mon bébé*...

« Mon enfant m'appartient », osent certains. Faux ! Il transite par vous si vous êtes la mère, il a besoin de vous pour se construire si vous êtes le père, mais il est là pour faire *sa* vie. Il a le droit de respirer sans vous, d'aimer le reggae lorsque vous ne supportez que Mozart, de ne pas vous dire *tout* ce qu'il fait, d'avoir des secrets et des projets de vie pour lesquels il ne vous a pas consultés.

L'erreur la plus répandue, c'est de se sacrifier et d'en être fier. « Quand je pense à ce que j'ai fait pour mes enfants, et qu'ils n'ont aucune reconnaissance... » Quelle manipulation ! À l'égard de l'enfant et de soi-même. Aimer, ce n'est pas tenir entre ses mains. Certains parents ont l'audace d'appeler amour parental ce lien monstrueux, étouffant.

Sébastien raconte : « J'étais bon en maths. Toute la famille avait fait Polytechnique, mon chemin était tracé. Mon père m'aimait parce que j'avais de bonnes notes, ma mère m'aimait parce que j'étais un petit garçon bien sage. Puis j'ai rencontré Stéphanie, et elle m'a fait découvrir le rock, la nuit, la fête. Elle m'a encouragé à dire merde au mode de vie qui m'était imposé depuis toujours. Mes parents m'ont rejeté parce que je n'étais plus conforme à leur désir. Je ne voulais plus solliciter leur permission pour un oui pour un non.

« J'ai eu droit à des menaces, ils ont même rencontré les parents de Stéphanie pour leur demander de nous séparer ! Les parents de Stéph ont rigolé, ils n'avaient jamais vu ça. Je suis parti vivre chez eux. J'étais heureux comme jamais, j'existais par moi-même et on me laissait respirer. J'ai réussi mes examens, je leur en ai foutu plein la vue à mes vieux, mais je ne suis pas revenu vivre avec eux.

« Dans ma famille “adoptive”, on respecte les enfants. Ils ne sont pas considérés comme des rejetons, des clones, la propriété des parents. Ils existent en tant qu'êtres humains indépendants, et j'avais besoin de ça. Mes parents m'ont perdu parce qu'ils n'ont pas voulu respecter mon identité. J'étais une extension, un descendant de la lignée, je devais être comme eux et pas comme moi je voulais être. J'ai eu du bol de rencontrer cette superfamille d'accueil. »

Un enfant, on l'accompagne progressivement vers la sortie. À chacune de ses étapes – bébé, enfant, ado –, on doit prendre de la distance et trouver quelque chose pour « remplir » sa vie autrement. Certains parents sont doués pour le détachement progressif, d'autres sont cramponnés à cette source d'amour qu'ils croient unique. Souvent, ils ont eux-mêmes connu l'abandon dans leur enfance et sont effrayés à l'idée de revivre cette situation. Hélas, ils finissent par faire ce qu'il faut pour que ce soit à nouveau le cas.

Tout se travaille, tout se digère psychologiquement. Parfois, il faut lâcher ses enfants pour mieux les retrouver ensuite. Si on les aime pour eux, ils ne s'y trompent pas. S'ils restent proches de vous, c'est parce qu'ils en ont envie, pas parce qu'ils s'y sentent obligés. L'amour et la liberté peuvent très bien cohabiter.

Le départ préparé

L'idéal, c'est quand tout le monde est d'accord. On en a parlé à l'avance, le jeune adulte a un programme, scolaire ou professionnel. On sait où on va et on peut en discuter. Ça n'empêche que, de temps en temps, on sent un nœud à l'estomac à l'idée qu'on va perdre son petit, même s'il n'est pas enfant unique. Le plus dur se joue au départ du premier enfant. C'est un cap !

Marie-Christine : « L'été était arrivé. Julien avait réussi brillamment ses examens. Comme c'était la seule condition que j'avais posée à son départ, nous avions commencé à organiser son emploi du temps.

« "Quels sont tes projets pour cet été ?

« – Je vais commencer à chercher un appartement pour la rentrée, il paraît qu'il faut s'y préparer longtemps à l'avance." »

Marie-Christine se rappelle l'étrange sensation qui l'a envahie à ces mots. Comme une descente dans le Grand Huit... Cependant, elle s'est efforcée de ne rien laisser paraître.

« Tu as raison, mon chéri, le marché est mauvais en ce moment, c'est difficile... »

Elle n'avait pu s'empêcher de penser « Accroche-toi, mon coco, tu n'es pas près de trouver », mais elle savait qu'elle devait rester fair-play. « Tu dois être un parent fiable. Tu as promis, tiens ta parole. Ton fils a tenu la sienne, maintenant tu dois assurer. »

« Le père de ma copine se fait des angoisses pas possibles, avait murmuré Julien.

– Ah bon, il a du mal à se séparer de sa fille chérie ? avait répondu Marie-Christine, soulagée de voir qu'elle n'était pas un cas isolé.

– Oui, c'est dur pour lui, il est très attaché à Alexandra. Il a peur que nous ne nous en sortions pas tout seuls. Moi, je sais que je peux y arriver. Tout est question d'organisation, de volonté. Il faut être positif, comme tu me l'as toujours enseigné. »

« Et toc, maman ! s'était-elle dit. Maintenant que tu récoltes les fruits de ton éducation, tu ne vas pas te plaindre, il est exactement comme tu le souhaitais, autonome et fort. Assume ton éducation, ma vieille. »

« C'est bien, mon grand, tu es sûr de toi, s'était-elle contentée d'ajouter.

– Tu sais bien que je suis indépendant et que je sais me débrouiller, rappelle-toi que tu m'as envoyé aux États-Unis tout seul à 15 ans…

– Oui, tu as raison, je t'ai toujours fait confiance et j'ai eu raison. (Mais, pensa-t-elle, je savais que tu reviendrais à la fin de ton séjour, là tu pars *pour de vrai*.)

– Je sais que tu crois en moi, avait-il répliqué avec un large sourire. »

Elle avait soupiré.

« Oui, mon fils, je crois en toi et il est temps que je te laisse t'envoler, une nouvelle étape de ta vie commence. »

Marie-Christine n'avait pu s'empêcher d'y aller de sa petite larme. Dans le mois qui avait suivi, elle avait multiplié les occupations pour éviter de sombrer dans la dépression. Julien rentrait de temps en temps avec des petites annonces trouvées sur Internet. Elle voyait bien qu'il était soucieux, déçu, mais il ne faisait aucun commentaire. Un soir il avait laissé exploser sa rage.

« Tous ces vieux cons de propriétaires qui ne veulent pas nous louer un appartement sous prétexte qu'on est jeunes, c'est une vraie discrimination, et naturellement, maman, comme tu n'es pas fonctionnaire, lorsque j'évoque ta caution, ça ne les branche pas...

– Ne t'inquiète pas, mon chéri, si tu dois trouver, tu trouveras... Il faut te montrer patient.

– Tu es trop contente que je reste encore un peu, hein ?

– Bon, bon, je sais que tu dois partir et je te donne raison, c'est juste que je dois accepter la fin de notre vie de famille. On avait le même rythme, les mêmes intérêts, et tu étais mon rayon de soleil...

– Ah bon ! Et c'est fini ?

– Mais non ! Tu le seras toujours, mais je ne risque plus d'attraper un coup de soleil, tu seras loin...

– Parce que tu crois qu'on ne se verra plus ?

– Oui, je sens que tu vas oublier ta vieille mère et que tu ne lui apporteras même pas une soupe quand elle n'aura plus de dents...

– Mais non, maman, voyons...

– Dans la famille de ton père, où il n'y a que des garçons, ils ont tendance, une fois qu'ils ont quitté le nid, à ne plus être proches de leur famille. Dans ma famille à moi, on est plutôt tribu. On verra de qui tu tiens. »

Au passage, Julien avait pris soin de lui communiquer le programme de ses vacances.

« Ah, j'ai trouvé un plan d'enfer, hôtel quatre étoiles, pension complète au bord de la mer en Turquie.

– C'est bien, mon chéri, mais tu te débrouilles comment pour payer tout ça ?

– J'ai un peu d'argent que Mamie m'a donné, et je travaille en juillet.

– Tu m'enverras des mails et des cartes postales ?

– Oui, mais on n'aura pas grand-chose à se dire...

– Ah ! Tu vois, tu commences déjà à couper les ponts. Tu crois que je vais supporter de rester deux mois sans entendre ta voix, sans recevoir de tes nouvelles ?

– Pour communiquer, il faut avoir des choses à se dire, maman...

– Moi, j'ai toujours des choses à te dire. »

Marie-Christine sentait que son fils avait besoin de ce détachement pour exister sans elle, de programmer sa propre vie. Bien que préparée à ce bouleversement, elle a traversé des moments difficiles. Elle repensait aux Noëls chaleureux autour d'une grande tablée dans sa famille, aux vacances dans une grande maison au bord de la mer. Ces jours reviendraient-ils ? Elle osait penser que oui. La famille, ça s'entretient...

Attention au nouveau couple parent-enfant

Auparavant, c'étaient les enfants qui cherchaient à se faire aimer en se montrant gentils, bien élevés, aimables (au sens premier du terme). La nouveauté, c'est que les parents sont demandeurs de l'amour de leurs enfants. Ils cherchent à leur plaire, veulent se montrer à la hauteur : jeunes, en forme, capables d'exploits, à la mode... De leur côté, les enfants se permettent des commentaires qui auraient fait bondir nos grands-parents.

« Ton coiffeur t'a ratée, c'est quoi cette coupe de ronce ? J'aimais mieux les mèches rouges sur fond noir ! On s'en fout des commentaires de ton boss, c'est un vieux con, il va pas te dire ce que tu dois faire, non ? »

Ou bien : « Mon pauvre papa, tu perds tes cheveux, rase tout, t'auras un look, au moins ! »

Ou encore : « Mais c'est quoi, cette tenue ? Tu t'habilles ringard, on dirait que tu as 100 ans. Je sors pas avec toi comme ça. »

Pour l'argent, c'est pareil, ils se mêlent du budget familial.

« Maman, tu dépenses trop, fais gaffe, n'achète pas ça, *on* n'en a pas besoin !

– Tu crois vraiment, mon chéri ? Je voulais juste te faire plaisir…

– Laisse béton, je m'en servirai jamais ».

Ce *on* fait toute la différence. L'enfant s'estime associé aux choix parentaux.

« Ma fille déteste ma nouvelle voiture, j'aurais dû l'écouter, c'est vrai qu'il manque plein d'options, je vais vite en changer. »

« Mon fils n'arrête pas de me piquer mon nouvel ordinateur, il le trouve mieux que le sien. Il ne lui vient pas à l'idée que c'est *mon* outil de travail. »

Les publicitaires sont conscients de cette évolution, puisqu'ils considèrent l'enfant comme un *prescripteur*, dont le veto est déterminant.

Parents et enfants vivent des relations totalement nouvelles. On exprime mieux ses sentiments, on n'attend plus d'être à l'agonie pour se dire qu'on s'aime. L'envers du décor, c'est une espèce de nouveau couple trop fusionnel. C'est la fille qui emmène son père dans *le* nouveau restau branché parce que « le pauvre papa » n'y connaît rien. Tous deux peuvent aller jusqu'à acheter ensemble de la lingerie sans noter le caractère ambigu, voire incestueux, de cette démarche.

Les « nouvelles » grandes personnes cherchent systématiquement à faire plaisir à l'enfant – il s'agit d'éviter tout *traumatisme* affectif. Quant à la Petite Princesse, elle doit voir le moindre de ses caprices exaucé par le Prince-Charmant-Papa. Pourquoi les enfants quitteraient-ils ce foyer paradisiaque où tout est à portée de main ?

Les Américains, champions du laisser-faire en matière d'éducation, reviennent peu à peu au *tough love*, l'amour dur. Dès le berceau, ils font comprendre à leurs héritiers que ce n'est pas en hurlant, en gémissant ou en boudant qu'ils obtiendront satisfaction.

Il faut souvent rappeler aux parents que, s'ils ont des enfants, ce n'est pas d'abord pour se faire aimer d'eux, mais pour les éduquer, en faire de futurs adultes. L'enfant couvé au sein de son foyer-royaume est incapable de comprendre qu'il lui faudra un jour se passer de la protection des parents. Il est vulnérable et risque de devenir un adulte désarmé face à un quotidien parfois difficile.

Que fait la maman tigre avec son petit ? Elle lui montre comment chasser et après... débrouille-toi. Sans abandonner son gamin dans la jungle, on peut lui apprendre à y évoluer. Ça lui servira toute la vie.

Invitée à dîner chez des copines, vous voyez une grande blonde superbe accompagnée d'une autre grande blonde superbe : la mère et la fille, habillées pareil, sortant de chez le même coiffeur, arborant les mêmes bijoux. Une pub connue pour une marque de prêt-à-porter met en scène ce principe : mère/fille, quelques années de différence et tant de ressemblances. Elles aussi forment de nouveaux couples.

Constance, 26 ans : « Ma mère est formidable, jeune, enthousiaste, belle, drôle, elle a tout. Je me sentais son clone, en plus pâle – je n'ai pas sa maturité, son humour. Elle me piquait mes copines, organisait des dîners où elle invitait *mes* amies. On allait en boîte ? Elle nous accompagnait, dansait comme une folle, quand moi j'étais affalée sur la banquette à siroter mon soda. Je faisais du modern jazz ? Elle aussi. J'achetais un sac à paillettes et strass ? Elle aussi, le même en plus grand. Elle m'aimait, me copiait et rivalisait avec moi. “On est tellement heureuses toutes les deux”, me serinait-elle.

« Le jour où je lui ai dit qu'elle me prenait mon espace et mon soleil, elle s'est sentie ultra-blessée.

Elle m'a fait la gueule pendant trois semaines. Je ne savais plus comment me faire pardonner d'avoir rompu “notre harmonie”. Et puis, coup de chance, on m'a proposé un boulot à Lyon. J'ai déménagé. Elle était blême, mais elle avait toujours dit que réussir sa carrière était décisif, qu'il ne fallait laisser passer aucune occasion. Elle était piégée par son discours.

« Je me suis reconstruit une personnalité. Je pouvais briller seule, avoir des idées perso, être moi-même sans être confrontée à une rivalité permanente. Au début, maman et moi, on se parlait tous les jours au téléphone. Petit à petit, elle s'est détachée, elle a même trouvé un mec. Je n'étais plus là pour faire obstacle. Elle a compris qu'on peut s'aimer sans fusionner. Je lui ai fait mal, mais c'était nécessaire. Dans cette histoire, on a grandi toutes les deux. »

Catherine, 48 ans, est maladivement proche de sa fille. Elles font tout ensemble, n'éprouvent aucun besoin d'indépendance. Même le père a du mal à avoir une conversation privée au téléphone avec sa fille car la mère n'est jamais loin.

Elles se prêtent chaussures, sacs, vêtements. Pas de risque qu'elles se piquent leur jules, les hommes sont exclus de leur histoire et le mari s'est trouvé éjecté du gynécée. Reste un pauvre petit garçon de 12 ans coincé entre deux femmes qui critiquent les hommes en permanence. Les dégâts psychologiques sont considérables. Le père a tenté de démontrer que cette fusion est malsaine, mais il a dû battre en retraite pour éviter les représailles sur son fils.

Ces nouvelles vies de femmes où les hommes ne sont plus que des fantômes créent de faux couples. En milieu urbain, les familles monoparentales forment les deux tiers de la population. Et le pourcentage de couples mère-fille est très élevé.

Par nature, les femmes développent plus de complicité et d'intimité. Cela peut générer des situations confuses, où personne n'est à sa place. Accepter que sa fille soit un être à part, qu'elle soit autonome, c'est un cadeau à lui faire. Le problème de solitude auquel vous êtes confrontée lors d'une séparation, c'est à vous de le régler, pas à votre fille.

VOTRE ENFANT A UNE VIE PRIVÉE

« Ma fille a un petit ami depuis deux mois et elle ne m'a rien dit. C'est incroyable ! Je croyais être la personne la plus proche d'elle, et je m'aperçois qu'elle me cache des choses. Je suis déçue, blessée, je souffre. »

Pourquoi la jeune fille aurait-elle dû gratifier sa mère d'une annonce spéciale ? C'est sa vie privée, après tout. Si elle estime que le petit copain ne sera qu'une aventure sans lendemain, elle ne tient pas à ce que cette histoire fasse le tour de la table dans les réunions familiales. C'est son droit de fuir le feu roulant des questions de sa mère.

« Mais où ça te mène, cette histoire ?

– Nulle part, maman, mais il est tellement beau que, pour le moment, ça me suffit. Et ça fait baver les copines. Il a les tablettes de chocolat et il danse tellement bien...

– Et il fait quoi, entre deux séances d'abdos, ce garçon ?

– Rien, il a arrêté ses études. Il est barman au Zinczinc !

– Ma fille sort avec un barman !

– Oui, et il est beur, si tu veux tout savoir... Et en plus, on fume des pétards ensemble ! »

Parfois nos enfants ont conscience de faire des bêtises, et ils n'ont pas envie de les partager avec nous. Difficile de savoir à partir de quand on doit s'inquiéter, appeler le psy, prévenir la police, poser des interdits. Il y a pourtant des signes qui ne trompent pas. Si votre enfant a l'air en mauvaise santé, que ses notes chutent lamentablement, qu'il ne vous regarde jamais en face, exige de plus en plus d'argent de poche, se montre agressif, il est temps de faire une incursion dans sa vie privée. Mais s'il est en pleine forme, que l'école roule bien, que votre Carte bleue n'a pas disparu, nul besoin de s'ingérer dans sa vie privée, on peut la respecter.

Certains parents soucieux d'avoir l'air « cool » banalisent la fumette et se retrouvent avec des ados ramollos incapables de se lever pour aller à l'école. Le brillant jeune homme dont le QI avait été évalué à 140 rejoint les derniers de la classe parce qu'il fume tout ce qu'il trouve, vous pique vos sous et s'achète toutes les saletés qui peuvent lui procurer des sensations dites incroyables. Il faut comprendre que la protection de la vie privée de votre enfant connaît, elle aussi, certaines limites. Avant qu'il ne soit trop tard, réagissez !

Vous pouvez assumer votre vie privée

Entre l'écran total, le secret absolu, le non-partage de son intimité et la fusion ou l'étalage de sa vie intime, on peut s'efforcer de trouver un moyen terme. Le tout est d'installer une distance respectueuse entre parent et enfant.

Certains grands enfants voient en leur mère la Sainte Vierge, en leur père un moine. Leurs parents ne sauraient avoir de vie sexuelle, ce ne sont pas des humains comme les autres ! Quand on sait que l'identification fait partie du mode de développement du jeune adulte, il faut oser briser le silence.

Lorsque Marie voit sa mère rentrer crevée du boulot, elle culpabilise. Dire que maman ne vit que pour elle, alors que son père ne songe qu'à son plaisir – la preuve, il a une maîtresse et ne s'en cache pas. Quelle honte ! Papa sort, s'amuse, va au restau, a une vie, voyage. Maman, elle, ne fait que travailler ! C'est dur d'être une femme... Marie se projette dans un futur où les vilains papas passent leur temps à s'amuser. Comment va-t-elle se vivre en jeune femme, puisque sa mère apparaît comme une victime de la méchanceté des hommes ? Marie ignore que sa mère mène une double vie et la manipule : elle aussi a des aventures, mais elle les garde secrètes. Inutile de dire que, dans sa vie sentimentale, Marie en paiera peut-être les conséquences sans le savoir. Merci, maman ! Pauvre maman, pourtant, qui a oublié que, elle aussi, elle avait droit à une vie privée.

La communication, oui. La Gestapo, non !

Si vous voulez garder le contact avec vos enfants, apprenez à les aborder avec un minimum de respect et de compréhension. Plus vous vous montrerez psychorigide, moins ils se confieront à vous. Cessez de les traiter comme des bébés et de poser les questions qui fâchent et ne font que bloquer la situation :

« Ça va l'école ? – Qu'est-ce que tu fais ce soir ? Où ? Avec qui ? – C'est qui, ces nouveaux copains avec qui tu sors ce soir ? – Tu ne vas pas trop boire ! – Et les pétards ? Fais pas comme ton copain ! – Ça va, tes amours ? – Et pour la contraception, vous faites quoi ? Elle prend la pilule ? – Tu es sûr que cette fille est bien pour toi ? – Tu ne vas pas sortir habillé comme ça ! – Tu as encore explosé ton forfait de portable ! – Tu ne vas pas passer la nuit sur Internet ? – Et tes devoirs, c'est pour quand ? – Tu te rappelles que tu as un examen important dans quelques mois ? – Ta chambre, c'est une porcherie, si le ménage n'est pas fait à midi, c'est moi qui vais tout ranger dans un sac-poubelle... »

Dans le même registre, voici quelques phrases à éviter si vous êtes divorcé(e) :

« Ça va, avec ta mère ? – Demande à ton père de te le payer ! – Comment vont les amours de ta mère ? – Il a décidé quoi, pour les vacances, ton père ? »

Vous trouvez que ça ne laisse guère de sujets de conversation. Eh oui, c'est vrai. Dites-vous que ça passera...

Nathalie se souvient qu'avec son aîné, Bertrand, il fallait bondir sur une information déguisée – style « Il y a un concert de Daft Punk le tant » – pour qu'il se livre un peu. Donnant, donnant, quoi. « Tu me payes le concert, je te parle de moi. »

Il avait le chic pour se sentir d'humeur bavarde les soirs où sa mère était crevée. Sachant que c'était le seul moyen de garder un contact avec son fils, Nathalie n'aurait pour rien au monde manqué ces rares moments de complicité où il ouvrait son cœur sur ses projets, ses angoisses, ses rêves et ses envies.

« Vivement qu'on soit en vacances, j'ai prévu d'aller à Londres, j'ai trouvé un superplan sur Internet. Tu pourrais m'aider un peu ?

– Tu irais tout seul ?

– Non… Avec Julia…
– C'est qui, Julia ?
– Tu sais, ma copine, tu as dû la voir un jour…
– La grande brune à cheveux longs ?
– Oui. Tu sais, elle est super sympa, elle adore le basket et le rock metal.
– Je ne suis pas convaincue qu'elle aime tout ça en vrai, mais elle doit être amoureuse.
– Oh, maman, arrête, tu vois de l'amour partout. Je te jure que c'est une bonne copine…
– Enfin… renseigne-toi si elle prend la pilule…
– M'man on n'en est pas là, c'est juste un voyage, rien de plus.
– Mais je suis sérieuse. Les bébés, ça pousse très vite. Et si tu es amoureux, assume-le, et bien… Et ton pote JB ? Je ne le vois plus…
– Il est tombé dans un trip de drogues hard, ça ne m'intéresse pas du tout, j'ai coupé avec lui. »

Ils pouvaient enfin parler aussi bien de détails personnels que des endroits de Londres où emmener sa copine. Nathalie se sentait récompensée d'avoir su être patiente…

Clémence a instauré une règle destinée à garder le contact. Le mardi soir, c'est dîner familial obligatoire. C'est aussi le seul moment où tous les sujets délicats sont abordés, selon le point de vue des parents et celui des enfants.

Les autres jours, rien n'est imposé, celui qui préfère avaler une pizza vite fait est libre de passer la soirée avec les copains. La fille aînée, qui vit désormais seule, ne raterait le rendez-vous du mardi sous aucun prétexte. Le lien affectif n'est pas rompu, et personne ne se sent coincé le reste de la semaine.

Clémence et son mari s'habituent à passer les autres soirées en couple. Le mardi soir, c'est la fête. Clémence soigne le menu pour ses « invités de marque », chacun parle librement d'aujourd'hui, du futur et de sa nouvelle vie.

Tout est prêt ? Ne le retenez pas

« Comment pourrai-je vivre sans toi, mon chéri, tu es le soleil de ma vie, je t'ai tout donné, et j'ai souffert pour t'avoir... » Ces mots d'amour que les mères répètent peuvent se révéler aussi efficaces qu'une corde au cou.

« Fais encore une année d'études supérieures, rien ne presse, tu as tout ton temps... » – « Pourquoi veux-tu aller faire des études à l'étranger quand on a de si bonnes écoles en France ? »

– « Pourquoi quitter la maison puisque tu fais ce que tu veux, tu vas, tu viens en toute liberté, je te prête ma bagnole quand tu veux, ton linge est repassé, tu as tout ce que tu peux souhaiter. »

Et s'il (elle) avait tout simplement besoin d'air ? Lorsque l'enfant veut expliquer son désir de liberté, il se retrouve face à un mur d'incompréhension. « Tu l'as, ton indépendance, puisque tu fais ce que tu veux », s'entend-il dire. Ce à quoi il répond : « Je veux mon espace à moi, rien qu'à moi, sans personne pour me regarder vivre. » C'est alors que, souvent, le parent n'hésite pas à recourir à la menace déguisée, au chantage émotionnel : « Si tu pars, je te coupe les vivres et tu te débrouilleras pour tes études. Quelle ingratitude, après tout ce que j'ai fait pour toi ! »

Le paradoxe, c'est que, à ce moment, c'est le parent qui a besoin de mûrir, et il préfère nier le fait que le cordon devra être coupé un jour.

Un climat trouble parfois s'installe, autour d'un ersatz d'indépendance.

« Invite qui tu veux ce soir, je ne suis pas là. »

Youpi ! Enfin une soirée tranquille avec les copains. Mais, un peu avant minuit, le parent débarque. « Bonsoir, bonsoir. Alors, vous passez une bonne soirée ? Tiens, je m'installe avec vous. »

Et l'adulte, ravi de prendre un bain de jouvence, s'incruste. Pour l'enfant, la soirée est ruinée.

Clément, 22 ans : « Il m'a fallu un an et demi de discussions avec ma mère pour qu'elle comprenne que j'allais partir, qu'elle se dépêche d'organiser sa vie. Mon père, lui, s'en foutait complètement. Il m'encourageait à déguerpir, mais dans son dos. Il n'a jamais osé lui dire qu'il me soutenait.

« Finalement, elle a accepté et m'a trouvé un studio... dans la rue à côté. Il m'a encore fallu une année pour la convaincre qu'elle n'avait pas le droit de venir faire le ménage quand je n'étais pas là, que si c'était en désordre, c'était tant pis pour moi. Je ne supportais pas son intrusion. Elle continuait à repasser mon linge alors que je ne lui demandais rien. Elle comptait les mégots dans mon cendrier pour savoir si je fumais trop ou si je recevais des copains qui marchaient aux pétards. Je n'étais libre qu'en apparence. Elle voulait être tenue au courant de tout ce que je faisais quand je n'étais pas à la maison ! Quand elle frappait à la porte de mon studio pour m'apporter à manger, parce qu'elle craignait que je maigrisse, ça me coupait l'appétit. Alors, j'ai mis les bouchées doubles et j'ai trouvé un superstage à l'étranger. Elle en était malade, mais elle ne pouvait rien dire, mon avenir était en jeu. Là, mon père s'est réveillé et lui a demandé de me lâcher les baskets. On lui a acheté un chien... pour me remplacer. Elle en est folle.

« Je l'aime quand même, ma petite mère, mais d'un peu plus loin. Maintenant, j'ai une copine, mais je ne vais pas la présenter, elle lui poserait trop de questions, et je ne veux pas qu'elle sache tout ce que je fais. »

Laisser « le petit » ou « la petite » partir de la maison donne parfois lieu à de véritables batailles. Pendant des mois, Lætitia a caché à son père, un homme très possessif, qu'elle avait un petit ami. Avec la complicité de sa mère, Lætitia allait rejoindre Jonathan chaque soir, une fois son père endormi, et rentrait juste avant qu'il ne se réveille. Très fatigant, tout ça !

La maman a organisé une soirée d'anniversaire pour Lætitia et invité des tas de copains, dont Jonathan, que le père a jugé très « convenable ». On a eu recours à une véritable mise en scène, destinée à laisser croire que les deux jeunes gens étaient tombés amoureux ce soir-là et avaient commencé un flirt gentillet. Au bout de quelques mois, le père a *officiellement* autorisé les jeunes gens à passer ensemble les nuits du vendredi et du samedi. Mais il s'est écoulé près d'un an avant qu'il ne soit convaincu que, oui, Jonathan était un « bon p'tit gars » qui méritait sa fille, « la prunelle de ses yeux », et que s'ils vivaient ensemble mais pas loin – dans un appartement du même immeuble, ce serait encore mieux. Le jeune couple est progressivement parvenu à desserrer l'étreinte paternelle et à garder le contact tout en gagnant en indépendance. Pour les parents de Jonathan, tout allait bien : ils avaient bien intégré l'histoire de leur fils. Cela avait en partie facilité la « libération » de Lætitia.

VOUS LE POUSSEZ VERS LA SORTIE

Vous avez fait les démarches d'inscription à l'université ou l'école professionnelle, vous avez trouvé une chambre sur un campus ou en location. Le jour venu, vous avez déménagé le maximum d'affaires vers le nouvel environnement de votre enfant.

La plupart du temps, ça se passe très bien. L'obligation de se prendre en charge fait grandir. Ceux qui ne veulent pas vivre dans une porcherie font des efforts, apprennent à s'organiser, à faire le ménage, les courses.

Dominique, maman célibataire d'une Éva de 17 ans, venait d'être mutée à Paris. En prévision de cette nouvelle aventure, elle vantait les mérites de la vie parisienne à sa fille, mais cette dernière se montrait intraitable : « Je n'irai pas vivre à Paris, je veux rester ici avec Fabrice. » Et pour souligner ce choix irrévocable, elle avait ajouté : « Si tu m'emmènes de force, je fugue et je me suicide. » Pas moins.

« Mais je dois quitter cet appartement, tu dois partir d'ici, toi aussi ! a protesté sa mère. Comment comptes-tu faire ? »

Éva avait tout prévu : elle s'installerait chez son copain. La maman ne s'y est pas opposée. Face à l'entêtement d'Éva, elle n'avait d'autre choix que de la pousser vers la sortie.

Dominique a recréé un nouveau foyer, mais paradoxalement Éva s'est montrée rancunière. Elle rend rarement visite à sa mère, lui reprochant de l'avoir mise à la porte du petit appartement qu'elle aimait tant. Cependant Éva s'en sort plutôt bien, elle étudie et elle bosse. Elle a grandi en accéléré. Nul doute qu'elle ne pardonne un jour à sa mère.

Autre cas de figure, votre rejeton a complètement décroché de ses études, il n'a pas l'ombre d'un boulot en vue, n'envisage pas de bouger ses fesses pour survivre. Le clash est inévitable.

« Je te donne un mois pour trouver une solution : ou tu pars à l'étranger te trouver un job, ou tu vas habiter chez ton père (ou ta grand-mère ou autre) et tu te reprends en main, mais tu te casses. Je ne vais pas te supporter ainsi jusqu'à la fin de mes jours ! »

L'enfant sait que vous ne mettrez pas forcément cette menace à exécution, en tout cas pas dans l'immédiat. Mais, face à la multiplication des ultimatums, il finira par réagir, puisque vous lui rendez la vie impossible. Le garçon s'en ira... souvent chez une copine qui va prendre le relais, car elle travaille en classe, elle a un job, elle cuisine, fait les courses et, en plus, repasse ses T-shirts. La plupart du temps, les filles, obligées de se débrouiller, mettront tout en œuvre pour conquérir au mieux leur indépendance matérielle.

Sa mère reprochait tellement à Olivia, 22 ans, de lui coûter cher qu'elle a arrêté ses études et bosse dans une compagnie de téléphonie mobile. Elle est ravie d'avoir pu quitter sa mère, qui passait perpétuellement de « Reste une petite fille que je contrôle » à « Grandis, cherche-toi un boulot et fous-moi la paix ». Olivia ne trouvait pas ses marques dans la vie de sa mère qui souffrait en outre d'un problème d'alcoolisme, compliquant singulièrement ses humeurs. Quand maman n'avait pas de partenaire, Olivia devait s'occuper d'elle, mais dégager vite fait s'il y avait un homme à la maison. Olivia est partie pour gagner une cohérence dans sa vie et s'éloigner de la toxicité de sa mère.

C'EST LA CRISE ? PROFITEZ-EN !

Vous n'en pouvez plus ! Le niveau de tension est tel qu'il en va de votre survie émotionnelle à tous. Colères, silences, répliques violentes, cynisme adolescent, invasion de territoire, manque de respect, c'est la crise !

Votre enfant prend la maison pour un hôtel, une blanchisserie ou un snack-bar, il vous impose son rythme, musique à quat' du mat', pétards et alcools en tout genre, grands Duduches inconnus qui squattent votre salle de bains alors que vous avez un rendez-vous dans une demi-heure. Tout ce monde parle un langage qui vous échappe en partie : « Ça déchire, c'est de la balle... » Votre bar se vide, votre frigo également. Une odeur désagréable se répand chez vous ! Chez vous ? Vous aimeriez vous convaincre que vous disposez encore d'un domicile privé. Vous avez perdu toute autorité sur votre rejeton, au point que vous envisagez la rupture brutale. Sans préavis. Ça fait mal, mais c'est parfois salutaire.

Édouard, alias Doudou, raconte qu'il s'est vu obligé de se rendre insupportable pour que sa mère comprenne et le pousse vers la sortie.

« C'était toujours la honte, elle m'appelait "Mon bébé", "Mon Doudou" devant mes potes. Je suis quand même ceinture noire de karaté et baraqué (1 mètre 90 et 90 kg), je peux me défendre...

« C'était intenable. "Ne rentre pas trop tard, bébé, sinon tu sais que j'ai peur pour toi", "Laisse maman porter les courses, tu vas te fatiguer". Dans la rue, je passais pour le malotru même pas capable de porter des bouteilles pour sa mère. Elle était comme ça pour tout, persuadée d'être gentille à mon égard, alors que je vivais un enfer. Chaque fois que j'essayais de lui expliquer que je me sentais diminué, qu'elle était castratrice, elle fondait en larmes. Je me sentais mal, j'étais le salaud. Je m'en voulais et je lui en voulais de m'en vouloir.

« J'ai commencé à squatter à gauche à droite chez les copains pour lui faire comprendre qu'il y avait un malaise. Mon père lui disait de ne pas s'en faire, du moment que j'allais au lycée. Une fois, j'ai refusé de décrocher mon portable quand elle m'appelait : à la fin de la journée, elle est allée chez les flics pour dire que j'avais fugué. Là, j'ai demandé à quitter la maison. Elle s'est mise à pleurer, a dit qu'elle ne voulait pas que je la quitte. On est allés voir un psy qui lui a conseillé de me lâcher. Du coup, elle m'a pris un studio pas trop loin de la maison et elle me fout la paix. Elle dit à tout le monde qu'elle m'a mis à la porte parce que j'étais intenable. Au moins, je suis tranquille, je la laisse penser qu'elle a pris la décision elle-même. Je l'appelle avant de lui rendre visite et je ne viens jamais le même jour de la semaine, pour ne pas la laisser prendre une nouvelle habitude, sinon elle flipperait au moindre retard. Je fais tout pour ne jamais avoir à lui demander de service. Ça m'a rendu autonome, et on n'est plus en crise permanente. Mais ça a été dur. »

Chapitre 4

Celui qui reste

Le complexe de Tanguy – Ceux qui partent et qui reviennent – Ceux qui partent à moitié – La vie de famille, y a que ça de vrai

Le complexe de Tanguy

« Comment ça se passe chez tes copains, quand ils quittent leurs parents ? ai-je demandé à mon fils au cours de mon enquête.

– Ben, je n'ai pas beaucoup d'exemples à te donner. Il y a un max de Tanguy dans mon entourage, ils restent tous chez papa-maman, c'est bien plus confortable. Je suis l'un des rares qui a eu envie de vivre avec une copine. »

Pourquoi cette génération ne veut-elle pas quitter la maison ? Avoir notre studio, notre indépendance, nous, les parents, ne rêvions que de cela. Et même si nous manquions d'argent, nous étions prêts à travailler tout en poursuivant nos études. Nous étions heu-reux !

Aurions-nous transmis à nos enfants l'idée que le monde est si dangereux, si hostile qu'il ne faut pas quitter le nid ? Leur aurions-nous suggéré : « N'y va pas, ne te jette pas à l'eau ! Le monde est plus dur que jamais » ?

Si nos enfants devaient affronter les conditions matérielles que nous avons connues, ils auraient l'impression qu'on les envoie vivre dans « la zone ». Laver ses petites culottes dans l'évier, les mettre à sécher pour le lendemain, faire cuire des pâtes sur un camping-gaz, aller au boulot à vélo, emprunter les transports en commun, marcher quand on n'a plus de quoi acheter un ticket de bus, couper le chauffage pour faire des économies et enfiler un pull de plus... Ce sont des souvenirs dont je souris, mais qui m'ont apporté de la force. Je n'avais rien à perdre. Et il me semblait évident que je m'en sortirais sans l'aide de mes parents.

Avons-nous cessé de croire que nos enfants ont des ressources pour progresser ? Avons-nous tout sacrifié au confort matériel ? Si notre petit chéri ne dispose pas d'un appartement avec lave-linge, sèche-linge, lave-vaisselle, four à micro-ondes, superordinateur, lecteur de DVD, il ne sera pas pour autant malheureux. Lorsqu'on lit l'histoire de Ma Yan, cette adolescente chinoise qui est allée jusqu'à se priver de manger pendant quinze jours pour s'offrir un crayon, on mesure à quel point on a tort de croire qu'aimer, c'est payer. Alors, que faire face à ces ados que l'on a trop gâtés ?

« Comment ? Tu veux que je travaille cet été ? Et mes vacances ?

– Tu n'as peut-être pas besoin de partir trois mois.

– Quand je serai adulte, je n'aurai plus jamais autant de vacances d'affilée, alors... Et puis, que veux-tu que je trouve comme boulot ? En plus, on va m'exploiter, parce que je suis jeune. Je peux pas venir avec vous ? C'est quand même bien d'être tous en famille ! Profitons-en, tant que c'est encore possible. »

« Et tous les ans, c'est pareil, me dit Marina, maman d'un surdoué de 27 ans, titulaire d'une licence, d'une maîtrise et diplômé des Langues O.

« Je lui demande : "Pourquoi avoir fait tant d'études, si c'est pour rester chez papa-maman ? – Parce que c'est utile pour avoir un salaire avec plus de zéros." Mais il va commencer quand, à gagner les premiers chiffres ? Au moment des vacances, je lui suggère de chercher un job pour se mettre dans les conditions du réel. Il refuse. À 27 ans, il vit comme s'il en avait 16. Et il me fait la crise d'abandon si j'évoque son départ de la maison. Je lui avais déniché un studio au bout de la rue, j'avais tout installé. Il n'y allait jamais et rentrait dîner à la maison. Il m'apportait son linge sale, s'endormait sur le canapé, devant la télé. Ça coûtait cher pour rien, j'ai lâché le studio. C'est comme dans *Tanguy*, le film d'Étienne Chatilliez. Pas moyen de s'en débarrasser, et il n'y a même pas une copine qui le motiverait pour quitter la maison. On a beau essayer de lui rendre la vie insupportable, de lui obtenir des stages loin de la maison, il rentre au bout de deux semaines parce que rien ne va jamais. »

Bien qu'ils travaillent et perçoivent un salaire, beaucoup de jeunes adultes n'éprouvent aucune envie de quitter le nid. Ils sont installés dans leur chambre d'enfant et considèrent leur paye comme de l'argent de poche. Les filles claquent tout en fringues, les garçons en motos, voitures, matériel hi-fi, sorties et restaurants. Payer les impôts locaux ? Un loyer ? Ah, non ! Et ils trouvent encore le moyen de faire combler leurs découverts par les parents.

Nos enfants sont devenus champions de batailles virtuelles, ils construisent des cités, en détruisent d'autres, se transforment en superhéros grâce à leur Playstation. Mais pas question d'aller faire un tour dans la vraie vie. Et ce n'est pas le discours des médias qui va les encourager à prendre des risques, matériels ou affectifs. À force d'entendre « la vie est dure, mieux vaut faire de longues études, il y a trop de chômage et peu d'emplois, les couples divorcent rapidement, alors pourquoi se marier si c'est pour se séparer, etc. », ils s'accrochent au cocon familial, rêvant d'une vie pleine de zéros. Zéro bobo, zéro tracas, quoi.

On peut s'interroger sur l'angoisse de ces jeunes gens qui ne savent plus où est leur place. L'enfant a le pouvoir, le père est déresponsabilisé et castré, il doit se battre pour se faire respecter par ses enfants, la mère joue le rôle qu'elle peut, plus personne ne veut s'engager dans rien, on vit des vies en pièces de puzzle.

Ceux qui partent et qui reviennent

« Dis-moi, Sophie, comment ça s'est passé pour toi quand ta fille a quitté la maison ?

– C'était super dur, mais on s'en remet. Quand

Vanessa est partie vivre avec son premier mec, j'ai cru mourir de douleur, je pleurais tous les jours, je n'arrivais plus à travailler, j'oubliais des rendez-vous de boulot, je ne dormais plus. J'ai embouti ma voiture tellement j'étais perturbée, j'ai pris six kilos, j'ai astiqué ma maison comme si j'étais une entreprise de nettoyage. Six mois plus tard, entre ma fille et son copain, ça a tourné à l'horreur, elle a rompu et elle est revenue... Alors là, je n'ai pas aimé, pas du tout ! Ma maison était nickel, j'avais repris mes marques, je n'étais plus une mère dévorée par la tristesse, mais une femme organisée, indépendante, et il y avait plein de gens nouveaux dans ma vie. Je ne supportais plus la présence de ma fille, je trouvais ça lourd, et comme elle était en déprime à cause de sa rupture, elle comprenait mal que moi, j'aille bien. Il aurait fallu que je pleure avec elle. Dieu merci, elle s'est éprise d'un nouvel homme. Quand elle repartit, j'étais prête, impatiente même. À la limite, elle était en trop dans ma nouvelle vie, et elle l'avait compris. Elle me l'a dit : "Même si je n'avais pas rencontré Adrien, je serais partie de moi-même, j'avais trop grandi, et toi aussi." »

Barbara : « Quand ma fille Katy a épousé ce grand con à 18 ans et qu'elle a fait un bébé dans la foulée, je savais qu'il fallait que je me prépare à un retour. J'avais raison. Quand sa petite Lola a eu 6 mois, ma fille est revenue chez moi. Heureusement que j'avais eu l'intuition de ne pas transformer sa chambre en bureau comme j'en avais l'intention. C'est devenu la chambre de Lola, ma fille dormait sur le canapé du salon, et quand j'allais dormir chez mon jules, elle prenait ma chambre. Un vrai camping familial.

« Ma fille avait eu peur de ne pas réussir ses études et, comme pour saborder sa vie, elle s'était mariée sur un coup de tête. On avait fait le grand mariage avec tralala et tout. Son père venait juste de se mettre en ménage avec une fille plutôt jeune, et Katy rêvait d'une stabilité que nous ne lui avions pas donnée.

« Heureusement que Lola est adorable et que je vis à mi-temps avec mon jules. Il a fallu cependant que je rue dans les brancards pour que ma fille active son divorce, demande une pension alimentaire à son mari, se décide soit à faire des études soit à trouver du boulot, à faire valoir ses droits, sinon tout le monde serait resté dans mon petit appartement. Bon, il y avait des côtés rigolos, mais il a fallu lui faire comprendre que ce style de vie était forcément provisoire. Je les adore, mes deux puces, mais maintenant j'ai besoin de faire ma vie aussi, et je ne me sens pas capable d'élever un bébé qui n'est pas le mien. J'ai aussi des concepts d'éducation différents de ma fille. »

Cette fragilité n'est pas propre aux filles. Ludovic avait brillamment réussi ses études et venait de commencer un nouveau boulot dans une boîte prestigieuse. Voyant qu'il gagnait bien sa vie, ses parents attendaient qu'il prenne son indépendance. Comme il ne bougeait pas, ils ont décidé de lui acheter un petit appartement.

Ludovic a rencontré une jeune fille. Tout se passait à merveille, jusqu'au jour où la jeune fille a décidé de rompre. « Tu es trop immature et égocentrique, a-t-elle dit à Ludovic. Tu ne sais rien faire, ta mère continue à repasser tes affaires. Je veux un homme, un vrai, pas un grand enfant. »

Le jeune homme a craqué totalement. Il est rentré chez papa-maman pour se faire dorloter. Il fallait maintenant que la maman prenne conscience du mal qu'elle faisait à son fils en l'empêchant de grandir. Il a entrepris une thérapie et a regagné son appartement pour apprendre à être autonome. Un travail salutaire pour la mère aussi. « Je résistais au fait de passer voir si tout était propre chez lui, se souvient-elle. Je ne l'appelais plus plusieurs fois par jour pour savoir s'il avait besoin de quelque chose. C'était un vrai sevrage pour nous deux. »

Le père ne pouvait qu'approuver, et ce fut pour lui l'occasion de se rapprocher de sa femme.

Ceux qui partent à moitié

On se dit parfois qu'on peut se satisfaire d'une solution intermédiaire. Provisoire, cette situation risque de se mettre à durer car elle présente des avantages pour les deux parties.

La chambre de bonne dans l'immeuble est un grand classique. L'enfant profite toujours du grand appartement des parents, ne s'occupe pas de la lessive ni du ménage, a juste à mettre les pieds sous la table et peut, à son gré, retrouver son indépendance, trois étages plus haut. Les parents goûtent cette proximité : il suffit d'un coup d'interphone pour que « le petit » arrive. Mais il est toujours sous contrôle visuel et affectif. Seul bénéfice réel, il peut jouir d'une vie sexuelle normale.

Le studio au bout de la rue est une variante appréciée.

Nadia vient de prendre un poste de prof dans un collège. Elle s'arrête tous les soirs chez maman pour dîner, regarder la télé et corriger ses copies. Puis elle va dormir dans son studio. Cher, le dortoir…

« Oui, mais si je ne passe pas voir maman, argumente Nadia, elle s'inquiète et je me sens coupable de l'abandonner. Je ne peux pas lui faire ça. Mon père est mort depuis longtemps et elle vit seule. »

Nadia ne comprend pas que, si elle rencontre un garçon qui lui plaît, il faudra qu'elle mène une vie sociale normale, et que ce garçon n'appréciera peut-être pas la soupe de maman tous les soirs. Sa mère a beau déclarer ne rêver que d'une chose, que Nadia se marie et lui fasse des petits-enfants, on peut s'interroger sur son réel désir de voir sa fille se détacher d'elle.

Cela fait penser à ces laisses qui permettent soit de tenir le chien, soit de le laisser « libre ». Ça rassure les deux côtés. En revanche je ne suis pas sûre que cela favorise l'accession à l'autonomie de l'enfant... et des parents.

La vie de famille, y a que ça de vrai

Certaines familles sont tellement ouvertes et conviviales que personne n'a envie de quitter personne. Tous les membres se retrouvent le week-end, les copains des enfants viennent de leur plein gré parce qu'il y a de l'amour, de la joie, de la liberté, de la franchise, de l'ouverture sur le monde extérieur. Les jules et les petites amies sont admis dans la tribu. Rien n'est imposé. Si l'enfant veut être de la fête, il a juste à prévenir, et le frigo sera plein. Mais attention, pas tous les week-ends. On se voit *par plaisir*, on ne vient pas partager le gigot du dimanche *pour faire plaisir*.

Une vraie famille, avec des parents à leur place, qui ont accompagné leurs enfants vers leur vie, oui, ça existe. Personne ne juge personne, personne n'essaye de tout contrôler. Paulette, aujourd'hui bien vieille, a deux fils d'un premier mariage. Elle a épousé un veuf, père de six enfants. Les deux tribus se sont mélangées, tout le monde s'est marié, a eu des enfants, a divorcé, s'est remarié. Une famille exemplaire, pas exempte pour autant de tiraillements, mais sachant tirer profit de ses affinités. On y a connu beaucoup de moments forts et de vrais Noëls. Puis à la mort de son mari, Paulette, âgée et dépressive, n'a plus eu l'énergie d'organiser toutes ces rencontres. La famille passe un autre cap, mais ses membres sont toujours proches les uns des autres. Chacun des enfants est parti vivre sa vie, c'est une famille où il n'y a pas eu un seul Tanguy. Le père, véritable pater familias, avait confiance en ses enfants.

Chapitre 5

Quand le départ est bien préparé

ACCOMPAGNER LE PROJET D'ENVOL – QUEL NIVEAU D'INDÉPENDANCE ACCORDER À SON ENFANT ? – JUSQU'OÙ DOIT-ON ASSUMER FINANCIÈREMENT L'ENFANT ? – MÊME SÉPARÉS, LES PARENTS DOIVENT RESTER SOLIDAIRES POUR AIDER L'ENFANT – OUI, ILS ONT UNE VIE EN DEHORS DE VOUS – OUI, ILS SONT GRANDS, MAIS ILS ONT ENCORE BESOIN DE VOUS !

ACCOMPAGNER LE PROJET D'ENVOL

En principe, le rôle des parents est d'aider leur enfant à construire sa personnalité pour qu'il puisse vivre sans béquille affective ou matérielle. Si vous le conditionnez suffisamment à l'avance, lui apprenez à être autonome à la maison, vous lui faites un cadeau appréciable. Certains gamins savent utiliser toutes les ressources de la télé, d'un lecteur de DVD, d'Internet, mais se montrent incapables de se faire un café ou des spaghettis *bolognese*... Cherchez l'erreur.

Apprenez-leur à se prendre en charge. Montrez-leur les subtilités des programmes de lavage à froid, à trente et à quarante degrés, et celles du repassage, même si vous avez une femme de ménage. Cuisinez avec eux. Qu'ils participent à la vie de la maison. Pourquoi seriez-vous leur boy ?

Ils ne sont pas rares, ces pères qui préparent le chocolat de leur grand garçon de 16 ans, beurrent leurs tartines, mettent le couvert, débarrassent et font la vaisselle, tout cela sans que le fils ne lève le petit doigt. Pas étonnant que, habitué à cet hôtel de luxe, il n'éprouve aucune envie de s'en aller ! Et quand il aura une copine, elle sera quoi ? La bonniche ?

Certaines mères s'inquiètent si leurs enfants n'ont pas téléphoné à la fin des cours. Quel manque de confiance, quel contrôle inutile. Comment faisait-on avant le téléphone portable ? Appeler maman à son travail pour dire « Je suis sorti du collège », ça sert à quoi ?

Plus tôt vous apprendrez à votre enfant à être responsable de lui-même, de ses frères et sœurs, plus vous lui offrirez une force intérieure pour l'avenir. Cette confiance en soi se bâtit jour après jour, par petites touches. Ça commence à 6 ans : « Va acheter le pain, compte bien la monnaie et ne te fais pas piquer ton tour. » À 7 ou 8 ans, l'enfant doit pouvoir aller seul à l'école. Il peut commencer à préparer son déjeuner vers 11 ans s'il trouve que la cantine, c'est nul. Et, vers 12 ans, il est en âge de prendre le métro ou le bus tout seul, de lire un plan et de s'orienter en ville.

Les séjours à l'étranger et les classes vertes ou de neige, ça apprend à se passer de ses parents. Surtout, ne privez pas votre enfant de cette expérience. Vous introduiriez en lui l'idée que, loin de ses parents, il est en grand danger. Votre angoisse ne lui apporte rien, sinon une inquiétude sourde.

Plus tard, à l'adolescence, voyez ce qui est envisageable pour lui en fonction de ses affinités, de sa personnalité. Accompagnez-le dans des projets de plus en plus difficiles à réaliser :

– voyager à l'étranger, savoir choisir le billet le moins le cher, faire une réservation, se faire établir un passeport,

– gérer un compte en banque intelligemment sans se retrouver à découvert,

– trouver des boulots d'été.

Les projets ne manquent pas, et plus il sera capable d'organiser sa vie pratique lui-même, moins il aura peur de s'envoler, moins le monde lui apparaîtra hostile.

Quel niveau d'indépendance accorder à son enfant ?

J'ai souvent constaté que plus les adultes sont eux-mêmes indépendants, plus ils accordent spontanément leur indépendance à leurs enfants. Ils retrouvent là leur propre exigence de liberté.

L'enfant qui se sent libre raconte à ses parents sa journée sans trop se faire prier. Comme on lui fait confiance, il aura moins tendance à faire des « bêtises ». Donner sa liberté à un enfant ne veut pas dire l'élever dans l'ignorance du danger, au contraire c'est lui laisser la possibilité de déterminer jusqu'où il peut aller dans une expérience, d'estimer si c'est bien ou pas, si ça lui fait du bien ou pas. Et, s'il a un doute, il sait qu'il peut en parler. Informé de certains risques – drogue, racket, mauvaises fréquentations, MST –, il est armé pour faire ses choix.

Accorder sa liberté à votre enfant, c'est vous l'accorder en retour. Personne n'est le chien de garde de personne.

« Je pars ce week-end chez tes grands-parents. Tu veux venir avec moi ? Tu préfères rester à la maison ? Tu vas faire quoi ? Dormir chez Lisa ? Bon, OK, je rentre dimanche vers dix-sept heures. Tu seras là ? Je te laisse quelques euros, fais des courses pour toi ! »

Et vous partez tranquille chez vos parents, sans avoir les boyaux noués.

Un enfant indépendant n'est pas un enfant abandonné. Si, dans ses projets de départ, vous sentez que votre ado pédale un peu, s'excite, s'énerve, prend des décisions intempestives, vous avez le droit de donner des conseils appuyés. S'il veut signer précipitamment un bail de location un peu cher alors qu'il n'est pas sûr d'obtenir du boulot, recommandez-lui la patience. Vous ne brisez pas son enthousiasme, vous le tempérez pour éviter les aléas d'un mauvais choix. Si votre fille de 17 ans vous semble tourmentée, n'hésitez pas à l'interroger. Ce n'est pas du flicage, c'est de la recherche d'information. Certains ados ont besoin qu'on les aide à s'exprimer. Vous allez découvrir que la demoiselle est perturbée parce qu'elle se sent attirée par le petit ami de sa meilleure amie. Vous pouvez aborder le problème de loyauté que son histoire soulève.

JUSQU'OÙ DOIT-ON ASSUMER FINANCIÈREMENT L'ENFANT ?

Il faut enseigner à son enfant une attitude saine et réaliste sur le plan financier dès son plus jeune âge, poser les règles du donnant-donnant : « Tu fais un effort, moi aussi. Tu n'en fais aucun, pourquoi devrais-je t'assumer totalement ? » Un enfant doit apprendre la patience. Quelle notion des valeurs aura-t-il s'il voit tous ses désirs exaucés, à peine formulés ?

Chaque fois que sa fille voulait un objet coûteux, Isabelle mettait en place un plan budget et temps : « Je veux des bonnes notes et que tu m'aides pour faire les courses, et tu iras voir Mamie dimanche, et… et… » De petite tâche en petite tâche, sa fille participait au financement du projet. « Tu vois, j'ai mis dix euros dans la cagnotte pour ton appareil numérique. » Cela ne donnait que plus de valeur à l'objet convoité. Inutile de dire que la demoiselle est fûtée. Elle a cherché elle-même, dans les magasins, le meilleur rapport qualité-prix et a permis à ses parents de réaliser une économie de deux cents euros.

Les parents trop généreux semblent ignorer qu'ils ont le droit de dire non !

La famille de Delphine traversait une passe très difficile, elle avait restreint sérieusement ses dépenses. En des temps meilleurs, ses parents avaient promis d'offrir une voiture à leur fille dès qu'elle serait en âge d'avoir le permis.

Delphine a obtenu le précieux sésame à 18 ans. Elle ignorait que ses parents n'étaient plus en mesure de tenir leur promesse. Delphine, qui avait toujours été trop protégée, ne comprenait pas leur situation. Elle continuait à consulter des catalogues de voitures et les montrait à ses parents. « Je veux la clim, les airbags, l'ABS, l'EPS... » Ils n'osaient pas lui dire que ce n'était pas possible. Ce fut la grand-mère qui mit les pieds dans le plat. Delphine fut déçue et blessée. Elle avait conscience que, en lui taisant la vérité, ses parents avaient exprimé leur manque de confiance et l'avaient traitée comme une enfant gâtée. Ce qu'elle était...

Elle a donc revu ses prétentions à la baisse et sa grand-mère l'a aidée à financer son acquisition.

Thomas, 29 ans, a profité de la générosité familiale jusqu'au bout. Il a désormais un salaire supérieur à celui de ses deux parents réunis, mais habite encore chez eux. Il économise tout ce qu'il gagne, fait des placements. Son objectif ? S'offrir un superappartement. Comme ses parents sont à genoux devant lui parce qu'il est brillant, ils sont trop contents de l'aider, de lui offrir des vacances, alors qu'eux-mêmes ne partent pas. Un sacré égoïste, Thomas, même si c'est la faute de ses parents.

Martha accepte de financer l'appartement de son fils pour moitié, car il vit avec sa copine, qui travaille déjà. Il fait de brillantes études et sa mère a promis d'« assurer » pendant deux ans encore. L'étudiant tient son budget scrupuleusement et la confiance règne. Parce que les échéances sont fixées.

Patricia, en revanche, rame sérieusement avec sa fille Olivia, qui a quitté la maison dans de mauvaises conditions, sans travail ni projet d'études, en pleine révolte. Tout ça pour suivre un copain spécialiste des petits boulots.

« Quand j'ai des nouvelles de ma fille, c'est qu'elle a besoin d'argent, se plaint Patricia. Elle prétend qu'elle cherche du travail mais, en attendant, elle n'a pas un sou. Elle me place toujours en situation d'urgence. Aujourd'hui, elle n'a plus les moyens de régler son électricité ni son loyer, elle a les huissiers à la porte car son copain n'a pas payé ses impôts. Demain, ça peut être sa voiture qui est en panne. Elle sait que ça me détruit petit à petit. Ce mois-ci, je ne peux pas du tout l'aider et cela me déprime. Elle n'arrive pas à comprendre qu'il faut travailler pour gagner sa vie. »

Patricia a elle-même un rapport très particulier à l'argent, elle dépense jusqu'à être vraiment dans le rouge. Ses relations avec sa fille sont marquées par l'aspect financier. Ni l'une ni l'autre ne respectent leurs bonnes résolutions.

On a le sentiment qu'Olivia fait « payer » son enfance instable à sa mère. Devenue rebelle à l'adolescence, elle a délibérément saboté ses études, ne s'est jamais présentée aux examens. Elle a refusé d'admettre que son attitude compromettait son avenir. Quant à sa mère, elle se persuade que sa fille a assez de ressources pour s'en sortir... un jour. L'espoir fait vivre les mères, et si elles-mêmes ne croient pas inconditionnellement en leurs propres rejetons, alors qui va le faire ?

« Je lui donne toujours raison, dit Patricia, même si je ne pense pas comme elle. Je me dis que si elle ne cherche pas de boulot, c'est parce qu'elle est déprimée à cause de moi. »

Patricia a commencé une thérapie afin de cesser de se mettre en urgence financière pour sa fille. Elle sait que, si elle cesse de l'aider, elle-même pourra de nouveau joindre les deux bouts. Le père d'Olivia, lui, ne paie jamais rien. Il a disparu depuis longtemps de tous les circuits... pour cause de dettes.

Une hérédité financière un peu lourde...

MÊME SÉPARÉS, LES PARENTS DOIVENT RESTER SOLIDAIRES POUR AIDER L'ENFANT

Pour les couples unis, il est évident d'apporter un soutien à l'enfant qui va quitter le nid. La mère va visiter des appartements avec son fils ou sa fille. Une fois le choix arrêté, le père vérifie que tout fonctionne. C'est encore lui qui accompagnera sa fille pour se porter caution à la signature. La mère fera les magasins avec sa fille pour dénicher l'étoffe des rideaux. Le père rebouchera les trous dans le mur et installera des étagères.

Les parents divorcés se montrent plus difficilement solidaires. Ils n'interviennent groupés que confrontés à un problème important. Lorsque, après deux années passées à supplier leurs familles de les laisser vivre ensemble, Stéphane et Cécile, respectivement 21 et 22 ans, se sont installés dans leur appartement, les deux couples de parents ont eu des attitudes radicalement différentes. Ceux de Cécile, mariés depuis vingt-six ans et très proches de leur fille, ont accompagné le projet du jeune couple dans sa totalité : visites, choix de l'appart, des meubles, achat de luminaires, installation des rideaux... Ça permettait au papa de Cécile de mieux supporter le départ de sa fille. Il souffrait d'un authentique SNV. La maman, adorable, cuisinait des petits plats qu'elle donnait à Cécile.

Les parents de Stéphane étaient, eux, divorcés depuis longtemps. Le père, qui s'était obstinément opposé au projet de son fils, ne s'était pas du tout manifesté pendant l'installation. Il dénigrait ouvertement son fils.

« Ça ne marchera pas, ils sont trop jeunes, ils vont se casser la figure.

– Ce n'est pas grave, ils feront machine arrière, et tant pis ! » répondait la maman.

Elle avait offert quelques accessoires essentiels au jeune couple et ne se permettait jamais de leur rendre visite sans y être invitée.

« Je respecte votre intimité, et j'ai confiance en vous, vous vous entendez bien, tout se passera pour le mieux, disait-elle. Le reste, ce n'est que du matériel, vous avez le plus important, l'amour. »

Chacun des parents avait eu un niveau d'investissement différent. Le couple marié pratiquait la concertation. Les mamans se montraient confiantes, les pères étaient plus anxieux. L'un avait agi pour calmer son angoisse, l'autre avait préféré rester à l'écart.

En revanche, lorsque le frère de Stéphane a souffert de dépression à la suite d'une rupture, ses parents ont réagi en concertation, se téléphonant pour se donner ou prendre des nouvelles.

« Tu l'as appelé ?

– Oui, hier, et il était complètement en vrac, je l'ai envoyé acheter de l'Euphytose pour calmer ses nerfs.

– Moi, je dîne avec lui ce soir.

– Très bien. Alors, je l'inviterai demain.

– Il voit ses copains quand même ?

– Non ! Il ne répond pas au téléphone, on tombe sur sa messagerie. Il rappelle quand il se sent moins mal !

– Hier, *elle* l'a appelé, et ç'a été pire que tout...

– Tu crois que je peux lui proposer de venir avec moi chez mes parents samedi ? »

Certains parents, qui ne se parlaient plus depuis des années, se retrouvent quand leur fils ou leur fille traversent de graves difficultés. Il est rassurant de constater que les enfants sont un point d'ancrage important entre deux êtres, même séparés.

Un couple dont le divorce particulièrement houleux avait fait des ravages psychologiques importants s'est de nouveau soudé pour aider sa fille, admise en urgence à l'hôpital après une overdose. Ni le père ni la mère ne s'étaient rendu compte de la dérive de leur fille. Le psy les a secoués vigoureusement et leur a mis le nez sur leur aveuglement. Tous deux soutiennent aujourd'hui la thérapie de leur fille et ils se parlent régulièrement, en bons coparents. L'enfant a besoin de savoir à tout âge que, même séparés, ses parents l'aiment.

Oui, ils ont une vie en dehors de vous

Nous croyons connaître nos enfants, mais il nous manque beaucoup de clés pour accéder à leur moi profond. Nous les croyons introvertis et ils se montrent ultra-communicatifs avec les jeunes de leur âge. Nous les voyons timides et ils montent sur scène avec des orchestres de hard rock. Nous sommes prêts à jurer qu'ils sont classiques et réservés, alors qu'ils vivent une double vie avec deux copines aux caractères opposés. Nous découvrons avec surprise qu'ils sont les rois du cocktail quand nous les croyions buveurs de lait.

Ils ne se cachent pas pour être ce qu'ils sont, mais ils n'ont pas envie de *tout* partager avec nous. C'est leur droit. Souvenez-vous comment vous-même vous communiquiez avec vos parents. Vous leur disiez toute la vérité ou le mensonge qu'ils avaient envie d'entendre ? Alors, quand vos enfants font la même chose, ne soyez pas surpris ! Plus vous serez sincère avec vous-même, plus ils le seront de leur côté. Le miroir fonctionne dans les deux sens !

Une mère me consultait parce qu'elle venait de découvrir que son fils, brillant étudiant en médecine, traversait une grave crise. Bien sûr, tous ses amis étaient au courant du problème depuis longtemps : le jeune homme voulait être comédien, pas médecin, mais tenait à faire plaisir à sa maman. Le père était metteur en scène, et le fils avait eu « interdiction » d'être attiré par la vie de saltimbanque. Parti depuis un an pour vivre avec une copine, le jeune homme s'était en outre aperçu qu'il était attiré par les hommes...

Sa sœur a estimé qu'il était temps que leur mère affronte la vérité. Pour celle-ci, admettre que son fiston chéri avait une personnalité sur laquelle elle n'exercerait plus jamais aucun contrôle n'a pas été facile. Elle a dû travailler sur elle-même pour accepter que son amour de fils puisse être à l'opposé de ce qu'elle attendait.

« Mes enfants me disent tout, tout, tout ! » Ah oui, vous croyez vraiment ? Les mots « Je te connais comme si je t'avais fait » ne recouvrent aucune réalité psychologique.

Oui, ils sont grands, mais ils ont encore besoin de vous !

Ce n'est pas parce que vos enfants ont un appartement et paient un loyer qu'ils n'ont plus besoin de vous ! La relation marche par vagues. Parfois vous n'entendez plus parler d'eux pendant de longues semaines, vous laissez des messages et vous recevez en retour des infos pour le moins floues. « Oui ça va bien, on est crevés, on est débordés, non, on n'a pas le temps de venir vous voir, oui, on verra dans quelques semaines, vers la Toussaint. » « Si c'est pour entendre ça, je préfère parler avec mes copines », vous dites-vous.

À d'autres moments, ce sera plutôt : « Allô, papa, maman, ça va bien. Oui, je pense à vous, je m'inquiète, on voudrait venir le week-end prochain, ah, vous n'êtes pas là… ah… »

Soudain, vous vous inquiétez.

« C'est important ? Tu as un problème ?

– Non, mais j'avais pensé que ce serait bien de passer le week-end ensemble si vous allez à la campagne.

– Tu es malade ? Tu as besoin d'argent ?

– Non, je voulais vous voir, c'est tout… »

Vous regrettez déjà d'avoir dit oui à ces amis charmants avec lesquels vous étiez sûrs de passer un moment délicieux.

« Si tu veux, on annule nos amis…

– Mais non, je ne veux pas que vous gâchiez votre séjour pour moi. »

Vous insistez.

« Tu as un problème, dis-le-moi…

– Non, c'est juste que je n'étais pas en grande forme et que j'avais besoin de passer un moment de cocooning avec vous. »

Bien sûr, vous sentez une torpille vous vriller le cœur.

« Tu es sûr que tu n'es pas malade, ma bichette ?

– Non, non, maman, juste un coup de blues, ça ne va pas bien fort avec Alexis… »

Ne bouleversez surtout pas vos projets. Ça peut s'arranger avec Alexis dans l'heure qui suit, et le simple fait de vous avoir parlé un quart d'heure peut dérider « bichette » et changer la face des choses. Oui, votre pimprenelle a besoin de vous, mais ce n'est pas une raison pour réorganiser votre vie autour de la sienne dès qu'elle claque des doigts. Ne vous inquiétez pas ! Quand ça vaudra vraiment le coup de bouger, comptez sur elle pour vous appeler et vous dire :

« Maman, j'accouche, viens tout de suite, viens me tenir la main, sans toi je ne saurai pas le faire, je suis trop angoissée. »

Par exemple.

Le « Allô, maman, papa » chuchoté d'une voix angoissée vous donne tout de suite la note. Il y a du SOS dans l'air et, avouez-le, vous êtes ravi(e) : enfin, votre bébé vous appelle à l'aide. Vous recommencez à exister, et vous vous sentez prêt(e) à escalader l'Himalaya pour lui !

Quand votre enfant aura 50 ans et vous plus de 70, vous serez toujours heureux(se) qu'il fasse appel à vous. On est parent pour la vie et on sera toujours disponible, même si on râle et jure que c'est la dernière fois...

Troisième partie

Après le départ de l'enfant

Chapitre 6

Revaloriser sa vie amoureuse

RECRÉER SA VIE DE COUPLE SANS LES ENFANTS – SAVOIR DONNER SA PLACE À UN NOUVEAU PARTENAIRE DE VIE – NOS PARENTS ET LE SNV – IL PARAÎT QUE C'EST MOINS DIFFICILE POUR LES HOMMES – GARDER LE CONTACT APRÈS LE DÉPART – NE PAS CHERCHER À CONTRÔLER LA VIE AMOUREUSE DE L'ENFANT

RECRÉER SA VIE DE COUPLE SANS LES ENFANTS

J'ai reçu un jour une dame qui a fondu en larmes quand je l'ai appelée par son prénom. Elle s'était totalement identifiée à sa fonction maternelle, et tout le monde l'appelait maman.

« Va voir papa, il s'occupera de toi. »

« Demande à maman, elle sait mieux que moi pour ces choses-là. »

Certains couples sont tellement parentaux qu'ils ont perdu leur identité. Dans ces conditions, redevenir Pierre et Martine, ou Gilles et Sandra, requiert pas mal de travail.

Être parent, ça ne va pas vraiment de pair avec la vie sexuelle. On s'efforce de se comporter en individu « respectable »... Rappelez-vous les moments où vous vous débarrassiez des enfants chez vos beaux-parents, pendant les vacances. Cela vous permettait de retrouver une intimité, du temps pour vous deux. Les gestes tendres réapparaissaient, vous aviez à nouveau le goût des câlins et de la sieste crapuleuse. Même avec votre mari. La tendresse, c'est comme la bicyclette...

Pour retomber amoureux, il faut penser à soi et à l'autre, oublier les contraintes, les possibles irruptions des petits – ou des grands. Lorsqu'on vit avec ses enfants, on a tendance à leur réserver caresses et bisous, à assouvir ainsi son besoin de tendresse. Lorsque vous ressentez le syndrome du nid vide, c'est *le* moment de retrouver votre couple. S'enlacer plus souvent parce qu'on a le temps, s'abandonner, ne plus se sentir obligés d'attendre que les gosses soient couchés ou absents.

Célia, 23 ans : « Je ne pouvais même pas imaginer mes parents faisant l'amour, pour moi ils n'étaient pas sexués, ils étaient *mes parents*. En ma présence, ils n'avaient jamais une attitude intime. Maintenant, quand je leur rends visite, je surprends des regards amoureux, des gestes. Ça ne me choque pas parce que j'ai une vie à moi, mais s'ils avaient eu le même comportement quand je vivais avec eux, je crois que je n'aurais pas aimé. »

Maintenant que vous avez du temps pour tous les deux, marchez main dans la main, dites-vous des mots d'amour, retrouvez votre jeunesse de cœur et d'esprit. Les rides et les bourrelets, on s'en fout quand on est ensemble depuis longtemps. On se connaît si bien.

Françoise : « Quand nos trois enfants sont partis, Paul et moi on s'est sentis un peu perdus. Il avait une liaison avec une jeune femme, je le savais et je fermais les yeux. C'était son quart d'heure de folie. Alors, je me suis dit : "Tu es jeune, profites-en pour faire ce que tu veux." Je me suis offert une thalasso, j'ai changé ma coupe et ma couleur de cheveux, je suis partie en voyage avec des copines. Tristement, je me résignais à l'idée que, même si nous ne divorcions pas, c'était fini avec Paul, il s'échappait. Pas de quoi en faire un drame, mais quel dommage quand même.

« Lorsque je suis rentrée de mes quinze jours de voyage, j'ai trouvé mon Paul mal rasé, amaigri, détruit. Mon absence l'avait touché au plus profond de lui-même. Il venait de réaliser qu'il ne pouvait pas me perdre, après avoir "perdu les enfants". Il a rompu avec sa jeune maîtresse et nous avons recommencé à nous aimer comme de jeunes fous. Notre couple est reparti plus fort que jamais. »

Parfois, lorsque la famille a été l'unique fondement du couple, avec une ribambelle d'enfants, le syndrome du nid vide peut être ressenti de façon terrible. Le silence dans la maison, une table avec seulement deux couverts, ce manque de désordre et de vie, c'est trop lourd.

Je connais une femme de 60 ans, en pleine forme, joyeuse et dynamique, qui a élevé onze enfants. Après leur départ, elle a continué à cuisiner comme si elle avait une maisonnée entière à nourrir, elle a laissé les chambres de ses enfants telles quelles. Au moment des vacances scolaires, elle reçoit ses petits-enfants, c'est sa raison de vivre.

Mais lorsqu'elle se retrouve en tête à tête avec

son mari, on dirait deux petits vieux de 80 ans. Elle ne sait que parler des enfants, elle jacasse, il lit le journal. Elle l'appelle Papa, bien sûr, il l'appelle Maman. Ils sont incapables d'avoir une vie de couple, ils s'ennuient l'un avec l'autre et ne revivent qu'à la visite des enfants. Quel gâchis ! Il leur est impossible de partir en voyage ensemble, elle se sentirait trop déracinée, et comme elle a une famille de chats à la maison (il faut bien remplacer...), toutes les raisons sont bonnes pour ne jamais partir. Et si l'un des enfants passait pour une visite à l'heure du dîner ? Il ne faut pas rater une miette de la vie de famille. Prendre des vacances à deux, ce serait trop égoïste. Ce couple vit par procuration la vie de ses enfants – et même de ceux des voisins.

Les femmes semblent plus douées pour connaître un renouveau sentimental. Elles ont envie de garder leur mari, sont prêtes à faire des efforts pour cela. Séduire à nouveau son compagnon, c'est un peu de boulot, mais n'oubliez pas que, au moment où les enfants s'en vont, les maris sont plus vulnérables qu'on ne le pense. C'est souvent, pour eux, le moment où les tentations semblent irrésistibles. Vous n'allez pas laisser une pimprenelle vous piquer votre homme !

Le soir même où Paule terminait l'emménagement du studio dans lequel sa fille venait de s'installer, son mari lui a annoncé qu'il la quittait. Deux ruptures en une journée, c'était beaucoup. « Je n'avais rien vu venir, il ne se plaignait pas, ne demandait rien, je croyais que tout allait bien et que notre couple repartirait sur des bases différentes. » Il y avait si peu d'intimité dans ce couple que le mari n'avait jamais osé exprimer son malaise, son sentiment d'abandon affectif. Paule était trop fusionnelle avec sa fille. Alors, son compagnon était allé chercher un peu de réconfort auprès d'une femme qui n'avait pas d'enfant et ne s'occupait que de lui.

Heureusement, certains hommes profitent du départ de leurs enfants pour « récupérer » leur épouse. À eux deux tous les projets. On voyage, on s'achète une petite maison au soleil, on fait des trucs ensemble, on est heureux !

SAVOIR DONNER SA PLACE À UN NOUVEAU PARTENAIRE DE VIE

Les mamans qui vivent sans homme depuis trop longtemps n'ont jamais imaginé à quoi ressemblerait leur quotidien après le départ des enfants.

« Il sera toujours temps de chercher un compagnon à ce moment-là. »

Eh bien non, ça se cherche avant, un mec ! Avant de virer à la pauvre maman abandonnée, à la célibataire rancie incapable de vivre avec un autre. Personne n'a envie de partager la vie d'une femme pour combler un manque de maternité. Un homme, ce n'est pas un enfant.

Souvent ces femmes qui n'ont vécu que pour leurs gamins se sont laissées aller, elles n'ont plus de désir de séduction. C'est le syndrome de la « mamma ». Ajouté à celui du nid vide, ça peut être lourd et pathétique.

À force de dire qu'elle aurait toujours le temps de se trouver un compagnon, Mariette s'est installée dans un univers uniquement féminin. Que des copines, toutes seules par ailleurs. Des dîners sans hommes où l'on passe son temps à regretter la disparition des mâles dignes de ce nom. Mais qui voudrait de ces femmes agressives remontées contre la gent masculine ? La féminité, ça s'entretient toute la vie. Aujourd'hui, Mariette n'a plus le mode d'emploi. Ses enfants lui expliquent qu'ils ne lui ont jamais demandé de se sacrifier, qu'ils auraient rêvé d'avoir une mère qui soit aussi une vraie femme ! C'est un peu tard.

Ne perdez surtout pas de vue qu'il faut rester autant femme que mère.

Ces remarques concernent également les papas poules, ceux qui n'ont aucune place pour une femme dans leur vie. Tous leurs week-ends sont occupés par leurs enfants, on fait du sport avec eux, on déjeune avec eux, le planning est organisé pour eux. D'ailleurs, les enfants n'imaginent même pas que leur père – pour des jeunes, à 45 ou 50 ans on est déjà vieux – pourrait avoir une vie sentimentale.

Philippe : « Ma fille jugeait normal que je prenne toutes mes vacances avec elle et son petit ami. Bien sûr, c'était sympa, on partait au ski ou à la mer, c'était moi qui payais, mais je n'étais pas seul. Tout le monde y trouvait son compte.

« Ma fille ne se posait pas la question de savoir si j'étais heureux, moi non plus, d'ailleurs. Tant qu'elle avait besoin de son papa, je me disais que j'existais pour quelqu'un. Puis j'ai rencontré Charlotte. Passionnée et amoureuse, elle voulait une vie de couple. Pas des soirées de temps en temps, où on se voit et on baise, non, une vraie vie. Elle me trouvait bien mystérieux à propos de mon emploi du temps, et croyait que j'avais une autre maîtresse. Elle ne comprenait pas que lorsque j'étais indisponible, c'était parce que j'étais avec ma fille. Elle avait toujours eu une vie amoureuse officielle devant ses deux fils et n'admettait pas que je scinde ma vie en deux. Je n'avais eu que des maîtresses de passage depuis mon divorce : aucune ne restait dans les conditions que je proposais. Charlotte, elle, s'est imposée. À ses yeux, ce n'était pas naturel que je sois collé à ma fille, alors que celle-ci avait 22 ans et un petit copain.

« Ma fille s'est mise à détester Charlotte : je faisais des choses amusantes sans elle, je partais en week-end sans elle. J'osais même dire non à certains de ses caprices. Disparu, le papa gâteau qu'elle avait toujours connu. Au début, ça n'a pas été facile de choisir. C'est Charlotte qui m'a aidé à assainir la situation.

« Je vis comme un homme et je suis dans un vrai couple. Ma fille refuse de rencontrer Charlotte, sa "rivale", mais elle va grandir et trouver une vraie autonomie. Moi, je suis heureux pour moi, et c'est une femme qui m'a ouvert au bonheur amoureux. À plus de 50 ans, c'est super ! »

Les statistiques sur l'âge du mariage indiquent que, dans les années 1970, on convolait entre 18 et 22 ans. Dans les années 2000, c'est plutôt vers 28-32 ans pour les filles, 30-34 ans pour les garçons.

Il semble que, dans la génération d'après-guerre, on n'avait pas conscience du syndrome du nid vide. Les enfants quittaient leurs parents plus tôt. Il fallait trouver un boulot, une maison, se marier et faire des petits très vite. Les enfants qui restaient longtemps étaient mal vus. Les célibats tardifs éveillaient des soupçons d'impuissance ou d'homosexualité.

Le discours parental était positif : « Va faire ta vie. » Même dépourvu de diplômes, on pouvait réussir et les exemples de self-made men abondaient. Les baby-boomers avaient devant eux un avenir radieux. Se marier et avoir des enfants n'entraînait d'angoisse que si on ne le faisait pas. Et puis, on ne divorçait pas comme ça. On se mariait pour la vie et à l'église. L'idée du bonheur était simple.

Le père attendait gentiment sa retraite, sa femme n'espérait pas de lui des performances sexuelles. Quand ça ne marchait plus, tant pis, c'était la vieillesse. À 45 ans, une femme était une vieille dame, elle se préparait à devenir grand-mère. On voit maintenant des mamies si jeunes d'apparence qu'on prend leurs petits-enfants pour leurs enfants. Adieu le look « Tante Pim », chignon, robe à fleurs jusqu'aux chevilles et parfum de crumble.

Les grands-mères nouvelles sont sexy, les papys font du jet-ski, du vélo et dansent le rock. À 55 ans, on fait de la plongée sous-marine avec son fils de 20 ans. On veut vivre la vie des jeunes en compagnie des jeunes, sortir jusqu'à six heures du mat.

Comment, dans ces conditions, attendre de parents obsédés par le jeunisme et souffrant eux-mêmes d'immaturité qu'ils se donnent les moyens de lâcher leurs gamins ?

Il paraît que c'est moins difficile pour les hommes

Dans les générations précédentes, le matriarcat était de rigueur. Les hommes étaient exclus de la fusion maternelle et le lien était moins fort puisque l'homme se voyait refuser la prise en charge du bébé. « Pousse-toi de là, tu ne sais pas faire ! »

Tout ça n'aidait guère à créer une relation avec le père.

Les nouveaux pères ne se cachent plus pour exprimer l'amour qu'ils éprouvent pour leur enfant. Il n'est plus considéré comme « pas viril » de manifester de la tendresse, de caresser un bébé, de faire des biberons, changer une couche, préparer une bouillie carottes-jambon. Les pères ne sont plus systématiquement exclus des décisions d'éducation, les droits légaux sont mieux partagés en cas de divorce. La prise en compte de l'intérêt de l'enfant a entraîné une révision, à la hausse, du statut de père. Les hommes sont en train de bouger pour disposer de droits égaux, et c'est important. Malheureusement la fréquence des séparations et des familles monoparentales recrée souvent une appropriation de l'enfant par les femmes.

L'amour des hommes pour les enfants vaut celui d'une mère et leur souffrance, quand ceux-ci grandissent et s'en vont, existe tout autant, même si beaucoup s'efforcent encore de la dissimuler. Il faut savoir la lire dans leur silence, et eux doivent apprendre à la dire mieux et plus fort.

On m'a rapporté des transformations radicales dans le comportement de certains papas au moment du départ des enfants. Tel mari, prétendument indifférent, s'est transformé en maçon-plombier-peintre et a retapé un appartement de fond en comble pour son fils. Cette situation les a d'ailleurs rapprochés. On a surpris tel autre, réputé un peu glaçon, passant des heures dans la chambre de sa fille, allongé sur le lit, les yeux rivés au plafond.

Celui-là, qui ne rêvait que de dimanches tranquilles, sans gamins et sans bruit, met soudain tout en œuvre pour acheter une maison de campagne afin d'y réunir sa tribu pendant les vacances. Tout ce silence le tue, il veut de la vie autour de lui.

Garder le contact après le départ

Dès qu'ils s'ennuient, ne savent pas quoi faire, n'ont pas le moral, certains grands enfants se précipitent chez leurs parents. Ça les réconforte. On le voit bien après une rupture sentimentale, un entretien d'embauche, à l'occasion d'un petit coup de mou dans le budget. C'est une petite phase régressive, au cours de laquelle tout est permis : faire le bébé, se blottir dans les bras de papa, pleurer sur l'épaule de maman. La tendresse maternelle, le soutien paternel, on ne s'en passe pas si facilement !

Les filles gardent souvent un contact plus étroit, quasi quotidien, avec les parents, surtout avec leur mère, au moins par téléphone. Elles appellent plus facilement pour tout et pour rien, prennent des nouvelles, en donnent, bavardent, pour prouver qu'elles sont là et qu'elles aiment toujours leurs parents. Leur portable est allumé en permanence. Dès que le numéro des parents s'affiche, elles décrochent. Avec les filles, il n'est pas vraiment utile de mettre en place des obligations de contact.

Parfois à l'issue d'une psychothérapie, elles peuvent se montrer plus distantes, mais elles vous le disent, et vous comprenez l'importance de ce travail de détachement, qui va les faire grandir.

Avec un garçon, c'est différent. J'ai constaté que les mères très attachées à leurs fils sont plus anxieuses de les perdre, car elles les savent capables de rompre tout lien. Certains départs ressemblent à des adieux, tant, par la suite, la communication est réduite au minimum. Généralement, ce sont les parents qui font les efforts pour maintenir la relation.

« Pourquoi tu veux que je t'appelle ? Il n'y a rien de nouveau dans ma vie, tout va bien. » Ça, c'est une phrase de garçon, plutôt adressée à la mère. Ce peut être pire encore avec le père. Les hommes savent rarement quoi se dire, ils échangent des infos, et ensuite, silence radio.

Les garçons traversent généralement une période

de détachement froid. C'est leur façon de couper le cordon. Ce moment est très difficile à assumer pour les mères, mais elles ne doivent pas s'inquiéter, c'est juste une affaire de patience. Quand le grand garçon sera devenu un homme, la relation se renouera. Il faut juste savoir qu'elle ne sera plus jamais fusionnelle.

Parents, gravez dans votre tête que *vous avez perdu votre petit et que c'est pour toujours.* Surtout si c'est un garçon ! Ça vaut le coup de continuer à laisser des messages même s'il ne répond qu'une fois sur trois, de lancer des invitations qu'il esquivera également. « Tu sais, je suis débordé en ce moment, j'ai pas fini de m'installer, je suis super stressé dans mon nouveau boulot, on verra plus tard, d'accord ? »

Inutile d'insister, de vouloir fixer une date à tout prix. Renouvelez votre invitation, proposez-lui de venir avec sa copine s'il en a une. S'il est célibataire, n'oubliez pas qu'à son âge il doit avoir un « programme social » chargé, et que les parents, ça passe forcément après.

Bannissez les visites surprise chez votre fils, il a horreur de ça. Les garçons ne supportent pas qu'on pénètre dans leur antre, alors que les filles se montrent ravies de faire visiter leur nouvel intérieur à leurs parents, de faire la preuve qu'elles savent recevoir, cuisiner. Elles adorent retrouver leurs frères et sœurs et ne refusent aucune occasion d'organiser une petite fête de famille. Les garçons sont beaucoup moins chauds pour ce genre de réjouissances.

NE PAS CHERCHER À CONTRÔLER LA VIE AMOUREUSE DE L'ENFANT

« Je déteste le jules de ma fille, c'est un véritable abruti qui ne ressemble à rien. » – « Mon fils sort avec une peste, j'ai peur qu'elle lui brise le cœur. » Vous pouvez être sûrs qu'ils sont parfaitement au courant de votre manque de sympathie, mais ce n'est pas une raison pour critiquer ouvertement leur partenaire du moment. Ce serait le meilleur moyen de le « victimiser », de créer une tension entre lui et vous, de renforcer le lien sentimental que vous voudriez voir s'atténuer.

« Plus ma mère me disait que Philippe était un crétin et moins je voulais lui donner raison, se souvient Amélie. Alors, je m'acharnais à le garder dans ma vie, exprès, et je me plaignais de ma mère auprès de Phil, ce qui renforçait mon hostilité à son égard. Ce petit jeu a duré un an. J'ai coupé avec ma mère et j'ai rompu avec Phil. Je voyais mon père en cachette de ma mère, et il me donnait raison sur tout ce que je pouvais décider. Il savait que je devais vivre mes expériences, mais il ne me forçait à rien. Il m'a soutenue de façon neutre et j'ai apprécié. Je revois ma mère, mais je ne lui confie plus trop de choses sur ma vie intime. Je ne lui ai même pas dit que j'ai rompu avec Phil, elle serait trop contente. »

Il existe des cas extrêmes de parents prêts à affronter le pire pour contrôler la vie sentimentale de leurs enfants.

Véronique : « Ma fille avait épousé un type que je ne supportais pas et dont je détestais la famille. J'ai tout fait pour détruire ce couple, j'ai été horrible, j'ai mis ma fille dans une situation telle que son mari est parti. Elle a fait une tentative de suicide, et moi une déprime. J'ai tout gâché. Je fais une thérapie pour apprendre à lâcher ma fille, mais j'ai détruit son premier mariage. »

Ce n'est pas toujours facile d'avoir confiance dans les choix sentimentaux de ses enfants. Il faut se souvenir que les couples ne se forment jamais par hasard. Si votre fils a choisi une peste, c'est comme un passage obligé, une étape vers la maturité affective : il a besoin d'apprendre quelque chose et, contrairement à ce que vous pensez, la « peste » sera peut-être, en la matière, un excellent professeur.

Vous n'êtes pas là pour juger des choix de votre petit. Il aura besoin de vous en cas de rupture, et ce ne sera pas le moment de triompher. Et si, par bonheur, tout se passe bien, vous vous tiendrez prêts à les accompagner à distance dans leur bonheur. Le jour où vous deviendrez grands-parents, vos enfants seront en mesure de vous dire quelle place ils veulent bien vous donner pour assurer la transmission.

Chapitre 7

Vivre enfin pour soi et faire des projets

Prendre les bonnes décisions quand on change de vie, ça marche pour les deux générations – Se redonner une totale liberté – Sublimer le sentiment parental – Lâcher ses parents, c'est du boulot aussi pour les enfants – Parent un jour, parent toujours... mais pas tous les jours – La sérénité, ça s'apprend – Il ne décidait rien sans votre accord ? Il va devoir s'y mettre – Être égoïste seul ou à deux, ça s'apprend

Prendre les bonnes décisions quand on change de vie, ça marche pour les deux générations

Il peut être dangereux de prendre sa retraite et de quitter la ville pour la campagne au moment où vous faites un syndrome du nid vide. Vous êtes en situation de vulnérabilité et risquez de faire des bêtises. Allez-y doucement.

Peu de temps après le départ de son fils, Stella est tombée amoureuse d'un Américain. L'homme lui a proposé une nouvelle vie aux États-Unis avec grand amour et mariage, sur fond de roses et de trémolos. Par ailleurs, il a insisté sur le fait qu'elle n'aurait plus besoin de travailler.

Stella se croyait prête. Ce serait la meilleure façon, pensait-elle, de passer le cap. Mais plus les préparatifs avançaient, plus elle paniquait. Elle s'est mise à somatiser de manière spectaculaire et invalidante. C'était trop. Quand elle a rompu avec son fiancé américain, elle s'est tout de suite sentie mieux. Elle était soulagée de ne pas avoir pris la décision de tout liquider en France sur un coup de tête. À ce jour, elle ne regrette pas sa décision. Et elle a rencontré un autre homme, reconstruit sa vie, son boulot marche bien. Elle n'aurait jamais pu être une parfaite petite épouse américaine.

Norbert, lui, a fait exploser sa vie au départ de sa deuxième fille. Il a divorcé, laissé son appartement à sa femme pour vivre avec une minette qui lui casse les pieds et lui pique tout son argent. Il a ouvert une nouvelle boîte avec un associé qu'il ne peut déjà plus encaisser, s'habille jeune au point que c'en est pathétique. Quand il jure qu'il va bien et qu'il s'éclate, on a peine à le croire tant il a l'air malheureux. Sa femme ne doute pas qu'il pourra revenir un jour, elle a tout compris de son syndrome du nid vide, elle connaît son tempérament. Comme ses deux filles, elle attend qu'il se ressaisisse, atterrisse et se calme.

De l'autre côté, le jeune adulte peut, lui, s'éloigner sans mesurer le risque qu'il prend. « Mes parents me gavent, tchao, je me casse, et je ne leur dis même pas où je vais. »

Adrien, 23 ans : « Je n'avais pas fini ma crise d'ado et de rébellion contre mes parents, je trouvais qu'ils m'avaient pris mon adolescence, qu'ils m'avaient forcé à faire de superétudes. Je n'avais pas eu le temps de m'amuser et d'avoir une vie en dehors. Au moment de rejoindre, au Japon, une grosse boîte de haute techno, je suis parti comme un voleur, j'ai juste laissé un mot pour dire bye-bye. Comme si je fuguais... À 22 ans ! Je ne voulais pas qu'ils me retiennent.

« Au bout d'un an, je leur ai écrit. Mon père m'a répondu gentiment qu'il était content que je réussisse. Il m'a aussi expliqué que ma mère était presque devenue zombie pendant deux mois, qu'elle avait peur que je sois mort de maladie ou devenu fou. Elle avait perdu dix kilos – ce qui était bien parce qu'elle était trop enrobée –, elle n'avait jamais compris à quel point elle était envahissante. Elle avait toujours "fait de son mieux", pensait-elle.

« Je sais que j'ai pris une décision importante, douloureuse pour mes parents, mais j'étais jeune, j'avais l'avenir devant moi et, surtout, je suis parti pour un boulot. Si je devais le refaire, je referais la même chose mais en osant affronter mes parents, cette fois. Ce qui ferait moins souffrir ma mère. »

Ça c'est bien passé pour Adrien parce qu'il avait eu une vie structurée et de bons diplômes, mais combien de jeunes font le grand saut sans aucun parachute professionnel ou affectif ? Communiquez encore et toujours avec vos enfants, vous leur éviterez de prendre des décisions qui peuvent se révéler néfastes.

C'est une étrange sensation que de reprendre le pouvoir sur sa vie, mais c'est la seule façon de survivre au chagrin du départ des enfants. Vous voilà ballottés entre le soulagement et l'angoisse. Faites le point, assurez-vous que vous n'avez aucune raison de vous inquiéter – vous avez régulièrement des nouvelles, et elles sont bonnes – et regardez plus attentivement du côté du soulagement.

Vous allez enfin pouvoir partir quand vous voulez, au lieu de vous payer les bouchons de la Toussaint, de Pâques et les queues au tire-fesses pendant les vacances de février. À vous Saint-Tropez en janvier, les Maldives en octobre à vil prix. Le monde vous tend les bras, vous êtes les Stanley et Livingstone du XXIe siècle. Embarquez pour l'aventure.

C'est le moment d'aller voir la copine américaine qui vous invite depuis cinq ans, en vain. Vous voulez danser la salsa ? Allez donc à Cuba ! Avec un peu de pratique, vous apprendrez à vous distraire sans pour autant oublier les autres.

Vous avez des talents cachés que vous n'avez jamais trouvé le temps d'exprimer ? Inscrivez-vous à la chorale du mardi soir, à cet atelier d'enluminures. Et tout ça sans mauvaise conscience.

Personne ne vous attend pour que vous fassiez le dîner…

Vous connaîtrez des renversements de situation inimaginables quelques années auparavant. Maintenant, c'est vous qui ne dites pas *tout* à vos enfants. Ça ne vous rappelle rien ? Regardez la tête de votre fils : « Qu'est-ce que tu as fait ? T'as un truc de changé, hein ? C'est la coiffure ? Non, attends…

– Tu trouveras pas. J'ai fait un lifting… »

Tête du jeune homme.

« Et tu m'as rien dit ? Je le crois pas ! Tu me fais des cachotteries, maintenant ! »

Oui, car vous n'avez pas de comptes à rendre sur les décisions qui ne concernent que vous. Mais si vous voulez lâcher la vieille maison de famille parce qu'elle s'effondre, faites-le savoir. Si vos enfants veulent participer à sa restauration ou au règlement de la taxe foncière, c'est aussi leur droit.

Vous n'avez pas besoin de l'approbation de vos enfants, vous n'avez plus besoin d'être des parents parfaits. Si vous avez envie de vivre à mi-temps avec votre mari parce qu'il aime la campagne et pas vous, allez-y. Ils seront étonnés de voir que vous n'hésitez pas à casser l'image traditionnelle du couple papa-maman. C'est votre vie.

Réapprendre la liberté, c'est, pour certains, un vrai travail sur soi, car ça suppose une grosse dose d'indépendance ou d'égoïsme – ou les deux. De nombreux parents ont trouvé « normal » de se *sacrifier* pour leurs enfants, et ils s'imaginent avoir droit à une sorte de récompense. Mais ça ne marche pas comme ça. Sinon, c'est du chantage et de la manipulation.

Vos enfants ne vous doivent rien. Mais, si vous avez su les élever dans l'amour et le respect, ils vous témoigneront eux-mêmes amour et respect.

Sublimer le sentiment parental

On a l'impression que certains sont formatés « parents ». Ils ont besoin de s'occuper des autres (ça donne à leur vie un sens, une légitimité). Les associations regorgent de ces gens au cœur tellement plein qu'ils ont besoin de « déverser » leur amour sur autrui. Eux, ce n'est pas l'argent qui les fait courir : ils veulent se rendre utiles.

Cependant, si l'élan joyeux du départ se transforme en tension, qu'ils piquent facilement des colères parce que « les autres » ne font plus ce qu'on pense être bon pour eux, il est temps d'envisager un recadrage. Parfois il faut réapprendre à s'aimer soi-même. Et ce n'est pas en se forçant à faire du bien aux autres qu'on trouve forcément sa voie. Il est encore temps de chercher ailleurs...

Il faut être plein pour pouvoir donner. Si l'on passe son temps à se vider, que reste-t-il à donner ?

LÂCHER SES PARENTS, C'EST DU BOULOT AUSSI POUR LES ENFANTS

« Si je n'allais pas un week-end sur deux chez mes parents, je me sentais coupable, raconte Zéline. Mon copain me disait toujours que mes parents étaient mes enfants. Quelque part, il avait raison. Je vérifiais leurs comptes en banque, m'assurais qu'ils avaient payé les impôts, fait les courses, pensé à se rendre chez le médecin. Je faisais le taxi, appelais le vétérinaire pour le chat, le plombier pour la fuite dans les WC.

« À l'occasion d'une visite de ma tante, j'ai eu une conversation au sujet de mes parents. Mon copain, qui aimait me taquiner en m'appelant "supermaman", a tout expliqué à la tantine. Elle s'est mise à rire. Elle m'a dit qu'en réalité mes parents me laissaient faire parce qu'ils croyaient que ça me faisait plaisir, que j'avais besoin de me sentir utile. Mais ils n'en demandaient pas tant. Ils n'avaient pas non plus besoin que je vienne un week-end sur deux. Mon père se privait parfois de tournois de bridge pour me recevoir, et ma mère se forçait à cuisiner alors qu'elle mange peu quand je ne suis pas là. Cela m'a soulagée, j'en ai profité pour reprendre ma liberté. »

Certes, si les parents souffrent d'une pathologie particulière, ils ont besoin d'aide. Mais, dans ce cas, il existe des dispositifs d'assistance médicale. Cependant, dans leur majorité, les parents qui voient leurs enfants partir sont encore assez jeunes pour n'avoir besoin d'aucun soutien spécial – avant longtemps...

Sophia, dont la maman était tétraplégique, travaillait dans le milieu médical. Quand elle sentait qu'elle avait besoin de prendre l'air – on n'est pas tous les jours un héros ! –, elle faisait appel à des aides-médicales. Elle a toujours su préserver sa vie sentimentale. Lorsque sa maman est décédée, elle a pu retrouver un appui affectif. L'homme qu'elle aimait était là. Mais le couple n'a pas eu besoin de changer ses habitudes.

Chantal, elle, connaît de véritables crises d'angoisse pour ses parents. Elle les appelle tous les jours « ça va bien ? » et invariablement ils vont bien. Ils sentent bien tous les deux que l'inquiétude de leur fille ne repose sur rien de rationnel et passent leur temps à la rassurer. En revanche le frère de Chantal n'appelle presque jamais. « Pas de nouvelles, bonnes nouvelles. » Chantal, qui est hantée par l'idée de leur mort, reste très petite fille. Elle sait qu'elle a besoin de faire un travail sur elle, parce que son angoisse ne repose sur rien, qu'elle ne sert à rien ni à personne.

Règle absolue à installer avec les parents : « Si vous avez besoin d'aide, vous pouvez compter sur moi. » Informez-vous de leurs besoins sans insistance. Bien sûr, vous pouvez leur expliquer comment se servir d'un ordinateur, *s'ils en ont envie*. Mais ne les forcez pas à faire ce qu'ils ne veulent pas faire. Vous ne supporteriez pas cette attitude de leur part.

Lâchez-les !

PARENT UN JOUR, PARENT TOUJOURS… MAIS PAS TOUS LES JOURS

Les séquelles de la séparation seront plus ou moins importantes selon le niveau de proximité affective. Mais, quoi qu'il en soit, la coupure doit être radicale, il faut quitter, ou être quitté *pour de bon*, ressentir le vide avant d'espérer construire autre chose. Personne ne peut faire l'économie de ce passage à vide.

Marie-Laure vivait avec son fils, son petit ami et son chien. Elle les a « perdus » la même année : son fils est parti étudier à l'étranger où il a rencontré sa fiancée ; le petit ami l'a quittée, le chien est mort. Marie, soudain, s'est sentie inutile.

« Je me suis révoltée contre ce fils qui m'abandonnait, j'ai hurlé de rage contre ce jules qui me lâchait au moment où j'avais besoin de lui, et je n'ai pas repris de chien tout de suite. Ma sœur, qui avait mari et enfant, ne faisait pas l'effort de comprendre ce qui m'arrivait. Tout ce qu'elle trouvait à me dire, c'était : "Secoue-toi !" Qu'est-ce qu'elle savait de ma douleur ? Elle n'était pas encore passée par là.

« J'ai commencé à souffrir de problèmes de dents et de dos dont aucun médecin ne parvenait à me soulager. Je ne dormais plus, je maigrissais (ça, c'était le seul bon côté...). Je me suis tournée vers un thérapeute. Grâce à lui, j'ai pris conscience que je m'étais identifiée si fortement à mes fonctions parentales que j'étais incapable de faire autre chose pour moi seule, que j'avais un rôle à reprendre dans ma vie.

« J'ai réalisé un énorme travail sur moi pour en sortir. J'ai pris de la distance avec ma sœur qui me polluait la vie pendant que j'étais dans ce grand nettoyage intérieur. J'ai intégré le deuil de mes parents que je n'avais jamais pris le temps de faire. J'ai réfléchi à mon divorce, je me suis remise en question : j'ai découvert pourquoi je maternais tous les hommes qui passaient dans ma vie. Je me suis sentie renaître. J'ai commencé à respirer, bouger, danser autrement.

« À son retour en France, mon fils a d'abord rétabli des relations assez lointaines, d'autant plus qu'il voyait que je n'aimais pas beaucoup sa future femme. Il ne voulait pas se scinder en deux, il a fait un choix, celui de son couple. J'ai respecté cela, mais, je l'avoue honnêtement, c'était uniquement parce que je n'avais pas d'alternative.

« J'ai voyagé, fait de la peinture sur soie, redécoré mon appartement, rencontré un nouvel ami que je ne vois pas tous les jours. Mon fils s'est marié, a eu un bébé, et cette naissance nous a rapprochés. Je suis folle de ce petit Alexandre, je suis la grand-mère gâteau mais pas gâteuse. Comme j'ai une jolie maison de vacances ouverte à tous et que la belle-famille de mon fils est coincée et insupportable, je suis « restaurée » dans mes fonctions de mère accueillante. Mais je n'accepte pas d'être envahie, on ne vient que sur invitation. Pas question d'être la cantinière des vacances ! Et on vit comme on veut au rythme que l'on souhaite, pas de contrôle sur les “enfants”.

« Ça ne m'est pas venu naturellement, bien sûr, je me suis inspirée d'une de mes copines, Solange, particulièrement rayonnante, qui ne s'attache qu'au bon côté de la vie. Elle m'a encouragée à ne jamais chercher les responsabilités ni à offrir mes services, sauf pour ce qui me fait plaisir, *à moi*. Elle m'a expliqué qu'il ne sert à rien de s'échiner à faire des rideaux pour sa belle-fille qui n'aimera pas ce qu'on choisit, puisqu'on n'a pas les mêmes goûts de toute façon...

« Maintenant, je profite de mon fils, nous déjeunons ensemble de temps en temps, je vais le rejoindre près de son bureau. Que l'agréable, plus de responsabilités. Les sujets de conversation avec mon fils ont changé du tout au tout, il a découvert une femme pleine d'humour, capable de drôlerie. Rien à voir avec la maman qu'il avait connue, sérieuse, toujours préoccupée de son éducation. Avec mon petit-fils, je me lâche, je m'autorise une fantaisie que je réservais jusque-là à mes amis. Je cours après les pigeons avec lui, je ne suis là que pour m'amuser. C'est au tour de ma belle-fille d'endosser le rôle d'éducatrice un peu sévère, et je ne l'échangerais avec elle pour rien au monde.

« Je ne reçois pas les enfants régulièrement, pour ne pas créer de routine, j'ai réussi à en sortir, ce n'est pas pour y retomber. Je les invite au coup par coup, et lorsque, à la fin du dîner, je sens l'un d'entre nous fatigué, je ne retiens personne, je les pousse même un peu vers la sortie. Mon fils est mon invité, il est toujours le bienvenu, mais il n'est plus chez lui chez moi. Il est inimaginable que nous retrouvions la même fusion qu'avant et franchement je ne le souhaite pas. Je suis guérie de mon besoin de materner tout le monde et surtout mon gamin. J'ai appris à dire non, alors qu'auparavant je croyais qu'une mère devait tout à son petit. Parent toujours, mais pas tous les jours... »

LA SÉRÉNITÉ, ÇA S'APPREND

« Tu seras toujours mon bébé, quoi qu'il arrive », dit maman. « C'est vrai, tu resteras ma puce d'amour », ajoute papa. Il faut imaginer cette scène entre un parent de 80 ans et son enfant de 65...

Il y a des limites à l'infantilisation forcenée. On ne pourra se retrouver si l'on n'a pas su se séparer.

C'est un vieux principe psy : aller au bout des choses, d'une situation, de soi-même. Retrouver ses enfants, c'est d'abord *s'en séparer totalement en les considérant comme adultes.* Attention, l'à-peu-près n'est pas toléré, le moindre geste régressif compte ! Les hochements de tête, haussements d'épaules, petites phrases du genre : « Tu ne changeras jamais », « J'étais sûr que tu réagirais comme ça » ou « À ton âge – 65 ans ! – tu pourrais te montrer enfin raisonnable » sont le signe que vous n'avez toujours pas accepté d'être face à des personnes responsables. Et n'allez pas dire que « c'est pour son bien », que vous ne feriez pas ça « pour un étranger ». Être parent ne vous confère aucun droit. Il faut vous convaincre que vous devez *traiter vos enfants comme des adultes* et *les aimer comme vos enfants.*

Thierry n'avait qu'une fille, Francesca. Il n'avait jamais partagé une relation aussi intense et exclusive avec quelqu'un d'autre. Rien n'était trop beau pour « la princesse Francesca ». Père amoureux de sa fille, il se voulait son chevalier servant, celui qui la protégeait de tout danger, réel et imaginaire. « Si tu as peur et si un méchant homme s'approche de toi, appelle papa très fort et je viendrai te sauver, où que tu sois », lui répétait-il tous les soirs avant qu'elle s'endorme.

Longtemps, Jeanne, la maman, n'avait joué qu'un rôle secondaire. Elle était d'un tempérament très zen, elle s'en accommodait. Mais, comme dans les contes de fées, Francesca était devenue une superbe jeune femme. Thierry avait commencé à s'interroger sur son rôle de père, d'autant que de méchants hommes commençaient à tourner autour de Francesca. Thierry savait bien que, derrière leurs 14 ans et leur visage couvert d'acné, ils dissimulaient les pires intentions. Certains songeaient peut-être à lui piquer sa fille chérie, qui sait ? Et Francesca qui ne les repoussait pas... Thierry se sentit déchoir : il n'était plus le héros de sa fille chérie, juste un papa collant, un casse-pieds, un empêcheur de danser en rond.

La première boum de Francesca avait été un cauchemar. Thierry s'était mis en colère pour un verre de jus de fruits répandu sur la moquette, et avait collé tout le monde dehors à cinq heures de l'après-midi. Jeanne, la maman, qui jusque-là avait gardé le silence, était intervenue de façon musclée. « D'abord, tu n'avais rien à faire à la fête de ta fille, ce n'est pas de ton âge et ça lui montre que tu ne lui fais pas confiance. » Elle lui avait expliqué que, contrairement à ce qu'il imaginait, son attitude risquait de pousser Francesca à se réfugier dans les bras du premier venu.

Elle a œuvré à séparer le couple père-fille. Il fallait que Thierry apprenne à vivre sans Francesca, à retrouver une autonomie, à revoir ses amis hommes. Elle lui a interdit de rentrer trop tôt à la maison dans l'unique but de s'assurer que Francesca était là. Pendant de longs mois, Jeanne a répété à son mari : « Aime ta fille pour elle et traite-la comme une adulte, elle n'attend que cela. T'a-t-elle jamais déçu ? Non ! Elle a toujours travaillé dur en classe, elle est bonne en gym, elle court vite, et elle sait dire non à tous les garçons qui ne lui plaisent pas. Elle a toujours eu si peur de ne pas être à la hauteur de tes attentes... Et comme tu l'as élevée en princesse, elle attend le prince charmant et tu sais ce qu'elle m'a dit ? Elle veut un homme qui te ressemble, mais en plus cool... Réfléchis à ce que cela signifie. »

Francesca, poussée par sa maman, a quitté la maison pour une école à l'étranger. Thierry a découvert la correspondance par mail. La relation profonde entre le père et la fille a pris une autre dimension. Aujourd'hui, Thierry est fier de déclarer : « J'ai poussé ma fille à partir, à travailler à l'étranger, c'est mieux pour elle, elle est tellement brillante qu'il fallait qu'elle donne une dimension internationale à son projet. Nous échangeons des idées, elle me donne des conseils pour ma carrière, nous avons une relation d'égal à égal… Ma femme et moi avons tout fait pour qu'elle soit bien dans sa peau… Comme ses parents. »

David était tombé « raide dingue amoureux » d'un petit top-model polonais de dix-huit ans. Nuits jet-set, soirées VIP, David découvrait la nuit et la folie. Adieu les études !

Anne, sa maman, était du genre sérieux et solide. Ce changement subit dans la vie de son fils ne l'avait pas alarmée. Telle la maman tigre, elle se contentait de garder un œil sur la situation, se promettant de n'intervenir qu'en cas de danger.

« J'ai donné de bonnes bases à mon fils, pourquoi devrais-je douter qu'il s'en sorte ? Il prend du bon temps, il a bien raison. Moi, je n'en ai jamais pris à son âge, j'ai eu une enfance austère. Il vit des expériences étonnantes, pourquoi l'en empêcherais-je ? Mon fils n'est pas superficiel, il découvre un monde nouveau et il est gâté. Il est beau et gentil, il le mérite. Si c'est sa vie, tant mieux, si c'est un rêve, il se réveillera mais au moins il aura vécu des choses fabuleuses. »

Anne ne s'est pas affolée le jour où, la petite amie de David ayant rompu, son fils est revenu en larmes. Elle a su trouver les mots pour le consoler, lui expliquer que ce genre de mésaventure arrivait à tout le monde, qu'elle risquait de se reproduire, qu'il lui fallait apprendre à surmonter son chagrin.

David s'est remis de sa rupture, a conquis d'autres demoiselles. Il a commencé une carrière de mannequin et, profitant des relations qu'il avait nouées dans le milieu de la mode, est devenu un photographe apprécié.

« Heureusement que j'ai toujours senti que ma mère croyait en moi, et qu'elle n'avait pas peur pour moi, dit David. Elle n'a jamais pensé que j'allais me droguer, me perdre dans la vie de la nuit… Elle n'a jamais couru après moi pour savoir où j'étais, elle était heureuse que je prenne du bon temps. Franchement, je ne connais pas de mère comme la mienne. C'est ma mère, mais aussi mon amie, et elle m'a encouragée dans mes études de photographie, elle a cru en moi depuis le début, elle a toujours compris que je ne pourrais pas avoir une vie classique et elle l'a accepté, même si elle est du genre à se coucher à dix heures du soir. Pour moi, c'est la plus belle preuve d'amour. Parfois je l'invite à des soirées mais ce n'est vraiment pas son truc, alors je ne la force pas. »

Il ne décidait rien sans votre accord ? Il va devoir s'y mettre

Il y a des familles où personne ne songerait à discuter l'autorité parentale. La seule idée de laisser des initiatives à l'enfant y est considérée comme dangereuse. Et s'il sortait du clan ? Et s'il se sentait assez fort pour s'écarter du troupeau ? Et s'il s'éloignait ?

Colette a passé son enfance entre sa mère et sa grand-mère, toutes deux veuves. Dans une famille juive tunisienne, l'amour et l'anxiété vont forcément de pair : « C'est parce que je t'aime que je m'inquiète pour toi, sinon c'est que je ne t'aime pas ! » Colette rentrait en courant de l'école pour qu'on ne s'inquiète pas : dix minutes de retard, ce ne pouvait être qu'un accident, pas une discussion avec des copines. Tous les grands méchants loups de la terre rôdaient autour de Colette.

Mère et grand-mère étaient en état de dévotion devant la petite qui travaillait si bien à l'école. « Ne cuisine pas, va faire tes devoirs, ma chérie », « Ne t'en fais pas pour ton lit, je vais m'en occuper, tu as travaillé, tu es fatiguée ma chérie... » À 16 ans, Colette ne savait rien faire. Et, bien sûr, elle n'avait que peu d'amis, et surtout pas de petit ami. Un modèle matriarcal parfait, où on lui répétait chaque jour : « L'homme est l'ennemi juré. »

Quand la grand-mère chérie est morte, la maman est allée rejoindre une de ses sœurs dans le sud de la France. Catastrophe ! Au-delà du chagrin et de la séparation, Colette découvrait la vie quotidienne. Comment fait-on cuire un œuf ? Et des pâtes ? Colette n'oubliera jamais les premiers spaghettis qu'elle avait jetés dans une casserole sans eau, étonnée de retrouver son dîner carbonisé. Elle ne savait pas faire son lit, alors, chaque soir, au début, elle s'était entortillée dans les draps froissés. Elle ne songeait évidemment ni à les laver ni à les changer. Cette opération avait relevé jusque-là de la magie pure. C'était un dû. Même chose pour les courses : le frigo était vide, Colette était incapable de trouver le bouton de remplissage automatique et de mettre la main sur les gentils lutins qui s'étaient toujours chargés de tout.

L'apprentissage a été rude, et Colette en a nourri un fort ressentiment à l'égard de sa mère, qu'elle soupçonnait de ne plus l'aimer, puisqu'elle ignorait ses appels au secours. « Tu ne m'as pas appris à être grande, à me débrouiller, je suis une vraie gourde et, en plus, tu t'en vas, tu m'abandonnes, reviens vivre avec moi. » Colette se lamentait, mais maman, conseillée par sa *grande* sœur, ne fléchissait pas.

Colette s'est mise à la vie de tous les jours, petit à petit, prenant conseil à gauche à droite. Ç'a été l'occasion de se faire une vraie copine. Puis un copain, enfin. Elle a compris que les deux femmes avaient vécu dans la peur, que des études réussies représentaient, dans leur esprit, une garantie de se passer des autres, et des hommes en particulier.

« Ton père, quel personnage incroyable », avait-on rabâché à Henri pendant toute son enfance. Le chemin était tracé : Henri serait comme papa.

« Mais lui, il était fort et musclé, il aimait le risque, l'aventure, il pouvait faire fortune et tout perdre sans ciller. Et recommencer avec le sourire. Moi, j'étais maigrichon, peureux et intello, déjà. J'aimais les livres et pas le sport. Je voulais être tranquille dans mon coin, je me fichais de faire fortune ou pas. Dans la tête de ma mère, il était évident que je reprendrais les affaires de mon père. Elle me répétait : "Sois un lion comme ton père, pas un mouton."

« J'avais tout mis en œuvre pour faire plaisir à mon père : pris des cours de karaté que je détestais, participé à des compétitions de natation que je perdais, à sa grande honte. J'ai passé une adolescence pitoyable, sans amis, sans jamais sortir. Même pour la première nana que j'ai eue dans ma vie, c'est mon père qui l'a mise dans mes bras. J'ai été nul, j'en rougis encore.

« Lorsque j'ai déclaré que je voulais être avocat, mon père s'est senti désavoué, lui qui avait réussi sans faire d'études. Cela voulait dire que je sortais du clan. J'avais beau lui expliquer que sa boîte ne m'intéressait pas du tout, que je ne serais jamais un bon commerçant, il ne décolérait pas. Pour m'apprendre la vie, il m'a foutu dehors. Il m'a loué une chambre de trois mètres sur trois, en me disant : "On verra si tu arrives à faire tes études sans l'argent de papa."

« J'ai trouvé des petits jobs, j'ai serré les dents et j'ai continué à aller à la fac. Mon père passait me voir de temps en temps. "Alors, tu ne craques pas ? Hein ?" Ma mère me déposait des plats chauds en cachette. J'ai tenu bon. Ces années ont été dures et profitables. J'ai rencontré des gens qui avaient d'autres valeurs, un prof m'a pris sous son aile, j'ai travaillé pendant les vacances chez un avocat. Bon Dieu ! J'étais heureux, c'était bien ça que je voulais faire.

« Lorsque j'ai réussi mes examens, j'ai appelé ma mère. Elle était fière de moi. Mon père est resté dans son orgueil blessé, il n'a même pas voulu me parler pour me dire bravo. Il souffre, j'aurais voulu qu'il comprenne. Mais ma mère a tout compris et de temps en temps elle ose contredire mon père. Mon aplomb lui a donné un peu de courage. »

ÊTRE ÉGOÏSTE SEUL OU À DEUX, ÇA S'APPREND

Pendant des années, on n'a pensé qu'à son enfant : courir à la sortie de l'école, acheter un pain au chocolat dans sa boulangerie préférée, choisir *son* dentifrice à la fraise, lui faire répéter sa récitation, l'encourager encore. Nous nous sommes conditionnés à toujours passer en dernier.

Tout à coup, il faut penser à soi, faire des courses pour deux, voire une personne. S'accorder le même soin que celui qu'on réservait à son enfant. Ce n'est pas simple.

Mélanie : « J'ai acheté des tranches de jambon et des sachets de salade pendant des mois après le départ de mon dernier fils. C'est Jacques, mon mari, qui me l'a fait remarquer en me rappelant qu'il n'était pas au régime et que, pour lui, manger restait un plaisir. Ça m'a réveillée. Je ne faisais d'efforts culinaires que pour mes enfants, pour moi je m'en fichais complètement. Et comme mon mari déjeune au restau tous les midis, je trouvais que... basta ! J'ai réalisé que le plaisir était autorisé, même sans enfants. J'étais devenue une "mamma", incapable de faire pour moi ce que je faisais pour eux. Mais je m'améliore. On prend même des cours de danse maintenant avec Jacques, et on s'amuse tous les deux comme des fous. »

Le discours judéo-chrétien, prônant de s'occuper d'abord des autres, a créé des générations d'handicapés du bonheur. La rééducation sera longue, il faudra procéder par petites touches. Il est important que les parents ne se rêvent pas en martyrs, en êtres parfaits, le moindre faux pas déclenchant en eux une réaction de culpabilité. Aimer, ce n'est pas se laisser dévorer. Par ailleurs, on ne transmet jamais que ce qu'on est, et les gens en souffrance véhiculent à leur insu beaucoup de mal-être.

Il faut que vienne le temps où, pensant à votre « grand » qui est là-bas, en Australie, depuis cinq mois, le pincement au cœur sera remplacé par une bouffée de joie. C'est signe que le deuil est fait.

Et maintenant, occupez-vous de vous, offrez-vous les draps en satin écarlate dont vous avez toujours rêvé de sentir la caresse soyeuse, une ligne de parfum – lait pour le corps, exfoliant, talc parfumé, la totale. Autorisez-vous de petits moments de luxe, pour vous et pour l'homme que vous aimez. Vous avez bien le droit de vivre aussi ?

Et comme vous souffrez du syndrome du nid vide, commencez par vous gâter, redevenez votre propre enfant.

Conclusion

Oui, il y a une vie après la maternité (et la paternité) !

C'est un autre rythme, un autre moment, de nouveaux besoins.

On se sent jeune, en pleine forme et vide d'enfant en même temps. S'accrocher à ses enfants n'est pas la solution.

Comme on vit longtemps, il faut se dire qu'on aura plusieurs vies, qu'on formera plusieurs couples, qu'on fondera peut-être plusieurs familles. Il faut savoir ne pas dépendre des autres, donner et recevoir avec simplicité, sans revendications ni exigences, sans manipulations ni tentative de prendre le pouvoir. Surtout pas sur ses enfants.

Être parent, c'est souvent dépasser ses propres besoins au profit des besoins de l'enfant. Le plus difficile, c'est de lâcher prise et d'accompagner son enfant hors du foyer.

Rappelez-vous les premiers pas de votre bébé. Il vacillait, il tombait, se redressait, recommençait, s'accrochait au mur. Il était si fier de marcher. Vous le regardiez en évitant d'intervenir, sauf danger important.

Le départ de votre enfant, c'est comme ses premiers pas. Vous ne pouvez pas les faire à sa place. Ayez confiance ! Soyez adulte et laissez-le devenir adulte à son tour !

Remerciements

À mon fils Xavier qui m'a tant fait grandir et à Sophie qui l'accompagne dans sa vie de jeune adulte.

À Laurence Lepeu qui m'a encouragée au départ à développer l'idée du syndrome du nid vide.

À Jean-Marc mon compagnon et à Françoise Samson pour leur soutien constant.

À Jean-Claude Gawsewitch pour son enthousiasme permanent.

Merci à vous tous qui m'avez donné vos témoignages de parents abandonnés ou soulagés.

Et à vous, les grands enfants, qui avez réussi à vous débarrasser de vos parents encombrants.

Table des matières

DEUXIÈME PARTIE

Au moment de son départ

TROISIÈME PARTIE

Après le départ de l'enfant

Comment séduire

T'as pas quelqu'un à me présenter?

Rosine Bramly & Annick Lanoë

Vous cherchez l'amour ? Vous allez le trouver. Mais séduire, ça s'apprend, ça se cultive. Rosine Bramly et Annick Lanoë sont aux commandes : bilan de compétence amoureuse, changement de look, choix d'une stratégie, première rencontre, approches diplomatiques, premier tête-à-tête, sexe, elles vous guident jusqu'au coup de fil du lendemain ! Et donnent, surtout, des conseils précis sur ces étranges êtres que sont hommes et femmes les uns pour les autres.

(Pocket n° 11931)

Leçons de vie

Dis-voir, Maminette...
Claude Sarraute

Maminette ? Une battante de soixante-seize ans, élégante, jamais à court de repartie, adepte du bonheur et s'emportant contre le « racisme antivieux » et les nouvelles mœurs héritées du féminisme. Ses « filles adoptives », Annie, Tessa et Carole, ont besoin de conseils : 50 ans d'expérience feront toujours la différence ! Et des conseils, Maminette adore en donner. Tout y passe : les hommes, les enfants, l'amour, la peur de vieillir… Un roman mené tambour battant, où l'on retrouve la patte et le ton inimitable de Claude Sarraute.

(Pocket n° 12078)

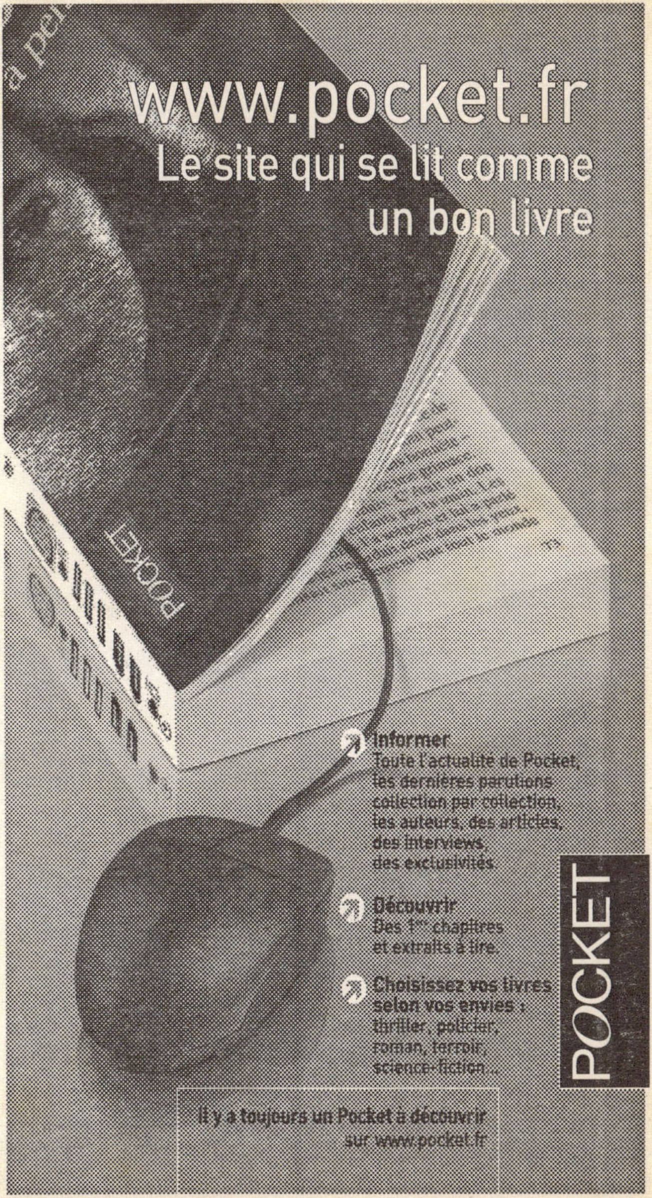
www.pocket.fr
Le site qui se lit comme
un bon livre
POCKET
Informer
Toute l'actualité de Pocket,
les dernières parutions
collection par collection,
les auteurs, des articles,
des interviews,
des exclusivités.
Découvrir
Des 1ers chapitres
et extraits à lire.
Choisissez vos livres
selon vos envies :
thriller, policier,
roman, terroir,
science-fiction...
POCKET
Il y a toujours un Pocket à découvrir
sur www.pocket.fr

Cet ouvrage reproduit par procédé photomécanique
a été achevé d'imprimer sur les presses de

BUSSIÈRE

GROUPE CPI

à Saint-Amand-Montrond (Cher)
en avril 2005

POCKET - 12, avenue d'Italie - 75627 Paris Cedex 13
Tél. : 01-44-16-05-00

— N° d'imp. : 51017. —
Dépôt légal : mai 2005.

Imprimé en France